T0209014

essentials

essentials liefern aktuelles Wissen in konzentrierter Form. Die Essenz dessen, worauf es als „State-of-the-Art" in der gegenwärtigen Fachdiskussion oder in der Praxis ankommt. *essentials* informieren schnell, unkompliziert und verständlich

- als Einführung in ein aktuelles Thema aus Ihrem Fachgebiet
- als Einstieg in ein für Sie noch unbekanntes Themenfeld
- als Einblick, um zum Thema mitreden zu können

Die Bücher in elektronischer und gedruckter Form bringen das Expertenwissen von Springer-Fachautoren kompakt zur Darstellung. Sie sind besonders für die Nutzung als eBook auf Tablet-PCs, eBook-Readern und Smartphones geeignet. *essentials:* Wissensbausteine aus den Wirtschafts-, Sozial- und Geisteswissenschaften, aus Technik und Naturwissenschaften sowie aus Medizin, Psychologie und Gesundheitsberufen. Von renommierten Autoren aller Springer-Verlagsmarken.

Weitere Bände in der Reihe http://www.springer.com/series/13088

Thomas Schmidt

Performance Management im Wandel

Sollten Unternehmen ihre Mitarbeiterbeurteilungen abschaffen?

 Springer Gabler

Thomas Schmidt
Karlstein am Main, Deutschland

ISSN 2197-6708   ISSN 2197-6716   (electronic)
essentials
ISBN 978-3-658-20659-8   ISBN 978-3-658-20660-4   (eBook)
https://doi.org/10.1007/978-3-658-20660-4

Die Deutsche Nationalbibliothek verzeichnet diese Publikation in der Deutschen Nationalbiblio-
grafie; detaillierte bibliografische Daten sind im Internet über http://dnb.d-nb.de abrufbar.

Springer Gabler
© Springer Fachmedien Wiesbaden GmbH 2018

Gedruckt auf säurefreiem und chlorfrei gebleichtem Papier

Springer Gabler ist Teil von Springer Nature
Die eingetragene Gesellschaft ist Springer Fachmedien Wiesbaden GmbH
Die Anschrift der Gesellschaft ist: Abraham-Lincoln-Str. 46, 65189 Wiesbaden, Germany

Was Sie in diesem *essential* finden können

- Einen Überblick über die aktuelle Diskussion zum Performance Management
- Die Ergebnisse einer repräsentativen Studie zu Beurteilungs- und Zielverein-barungssystemen
- Drei Fallstudien innovativer Performance-Management-Systeme
- Tipps zur Gestaltung erfolgreicher Performance-Management-Prozesse

Denn alles, was entsteht,
ist wert, dass es zugrunde geht
Goethe, Faust

Inhaltsverzeichnis

Einleitung 1

Wie ein Unternehmen die Beurteilung seiner Mitarbeiter organisiert, bildet ein Herzstück seines Personalmanagements. Denn von der Beurteilung hängen in der Regel Bonus, Gehaltsentwicklung und Karriereperspektiven ab. Beurteilungssysteme bestimmen maßgeblich, wie Mitarbeiter motiviert und belohnt werden. Hierdurch haben sie massiven Einfluss auf die Kultur und den Erfolg einer Organisation.

Aktuell vollzieht sich ein radikaler Wandel in Bezug auf die Art und Weise, wie weltweit führende Unternehmen ihre Performance-Management-Prozesse im Allgemeinen und Mitarbeiterbeurteilungen im Besonderen[1] strukturieren (Cappelli und Tavis 2016). Dieser Wandel ist im angelsächsischen Raum bereits in vollem Gang: Unternehmen wie Microsoft, Accenture oder Deloitte haben sich vom klassischen Beurteilungswesen verabschiedet.

Auch die Wirtschaftskanzlei Linklaters, deren Head of HR Germany der Autor ist, gehört zu den Pionieren in diesem Bereich: Seit 2015 gibt es – in weiten Teilen der Firma – keine Ratings, keine Jahresgespräche und keinen klassischen Beurteilungsprozess mehr, sondern kontinuierliches Feedback auf Augenhöhe zwischen Führungskraft und Mitarbeiter. Der Fokus liegt auf den Stärken der Mitarbeiter und der Gestaltung der Zukunft (siehe Kap. 1). Ein radikal neuer Ansatz, für den Führungskräfte und Mitarbeiter gleichermaßen Verantwortung tragen.

Vor diesem Hintergrund stellt sich die Frage, ob die klassischen Beurteilungssysteme obsolet geworden sind. Sollten sich Unternehmen also von Mitarbeiterbeurteilungen, Zielvereinbarungen und Jahresgesprächen verabschieden? Sind

---

[1]Definitionen zu den Begriffen „Performance Management" und „Mitarbeiterbeurteilung" finden Sie in Kap. 3.

© Springer Fachmedien Wiesbaden GmbH 2018
T. Schmidt, *Performance Management im Wandel*, essentials,
https://doi.org/10.1007/978-3-658-20660-4_1

diese mittlerweile dysfunktional geworden und sollten durch neue, zeitgemäßere Wege, Mitarbeitern Feedback zu geben, ersetzt werden? Passt also das eingangs angeführte Zitat Mephistos aus Goethes Faust: ist das System der Mitarbeiterbeurteilung „wert, dass es zugrunde geht"[2]?

Zur Beantwortung dieser Fragestellung werden verschiedene Quellen herangezogen:

Zunächst stellt der Autor Erfahrungen aus seiner Tätigkeit als Personalleiter einer international führenden Wirtschaftskanzlei dar. Im dritten Kapitel werden die Ziele sowie die Historie von Beurteilungssystemen dargestellt. Anschließend werden die neuen, agilen Performance-Management-Prozesse, wie sie in jüngster Zeit entwickelt wurden, skizziert. Im fünften Kapitel werden die sozioökonomischen Faktoren, die zu den Veränderungen in puncto Performance Management geführt haben, skizziert. Im sechsten Kapitel werden die Vor- und Nachteile traditioneller und agiler Performance-Management-Ansätze diskutiert.

Im siebten Kapitel werden die Ergebnisse einer Befragung von 125 Unternehmen zum Thema „Mitarbeiterbeurteilung im Wandel" vorgestellt, die mit Unterstützung der Frankfurt School of Finance & Management und der Deutschen Gesellschaft für Personalführung (DGFP) in den Jahren 2016 bis 2017 durchgeführt wurde. Hier wurden Personalmanager in führenden deutschen Unternehmen dazu befragt, wie ihre Beurteilungssysteme aktuell strukturiert sind und wie diese gegebenenfalls verbessert werden können.

Im achten Kapitel werden auf der Basis qualitativer Interviews mit Personalmanagern führender Unternehmen drei Best Practice Beispiele dargestellt.

Im neunten Kapitel werden zusammenfassend Trends und Erfolgsfaktoren zum Thema Performance Management skizziert. Das abschließende zehnte Kapitel nennt wichtige Tipps zur Umgestaltung und Veränderung von Performance-Management-Prozessen.

---

[2]Johann Wolfgang von Goethe, Faust I, Vers 1338 ff.

Performance Management Innovation bei Linklaters

Als sich im Herbst 2014 die Direktoren der Law Firm Linklaters zu ihrem halbjährlichen Treffen versammelten und das Thema Performance Management im Bereich Business Services (Finance, Marketing, IT, Operations und HR) besprachen, ging es zunächst einmal nur darum, die vierstufige Ratingskala zu verändern, die von Performance Level 1 (nicht zufriedenstellend) bis Level 4 (herausragend) reichte. Zu groß war der Unmut der Mitarbeiter über die offizielle Unternehmenskommunikation, dass man bei Level 2 angeblich eine solide, gute Leistung erbracht habe. Gleichzeitig war jedoch für jeden ersichtlich, dass man mit dieser Bewertung unter dem Durchschnitt lag, also im Vergleich zu Kolleginnen und Kollegen „underperformte". Daher der Gedanke, man müsse einfach die vierstufige Skala wieder in eine fünfstufige umwandeln und schon sei das Problem gelöst, da man das drittbeste Rating viel besser als eine „gute, solide" Beurteilung „verkaufen" könne. In den Gesprächen manifestierte sich jedoch eine tiefer liegende Unzufriedenheit mit dem gesamten Prozess. Dieser erschien extrem zeitaufwendig, ineffizient und bürokratisch. Was vielleicht noch verkraftbar gewesen wäre, hätte man den Eindruck gehabt, dass sich der Aufwand lohnte und Führungskräfte wie Mitarbeiter motiviert und inspiriert aus den Gesprächen hinausgingen. Doch das Gegenteil war der Fall: Laut einer Mitarbeiterbefragung glaubten lediglich 19 % der Führungskräfte und 26 % der Mitarbeiter, dass das Performance-Management-System effektiv funktionierte.

Die HR-Verantwortlichen brachten den gerade erschienenen Artikel „Kill your Performance Ratings" (Rock et al. 2014) in die Diskussion ein, der dafür warb, Ratings abzuschaffen und durch kontinuierliches Feedback zu ersetzen. Es entstand die Vision, sich in einem großen Wurf vom Zwangskorsett des alten Systems zu befreien, statt nur an den Details „herumzudoktern". Nach anfänglicher Skepsis entstand eine große Euphorie im Senior Management Team des Unternehmens:

© Springer Fachmedien Wiesbaden GmbH 2018
T. Schmidt, *Performance Management im Wandel*, essentials,
https://doi.org/10.1007/978-3-658-20660-4_2

Keine Ratings mehr, keine Moderationen, keine Normalverteilung, in die Mitarbeiter gepresst werden mussten und keine Formulare, die auszufüllen waren. Stattdessen: Kontinuierliches Feedback, Fokus auf die Stärken und auf das, was man gemeinsam erreichen will. Gespräche auf Augenhöhe, für deren Gelingen Führungskraft wie Mitarbeiter, gemäß dem sogenannten 100 %-Prinzip, die volle Verantwortung übernehmen. In der Folge beauftragte man eine externe Unternehmensberatung, das Konzept weiter auszuarbeiten und Workshops durchzuführen, um möglichst viele Mitarbeiter bei der Ausgestaltung des neuen Ansatzes einzubinden. Innerhalb eines Jahres wurden weltweit alle Führungskräfte und Mitarbeiter aus den Business-Services-Bereichen in dem neuen Ansatz geschult und der neue, kontinuierliche Feedback-Prozess ausgerollt. Mit extrem positiver Resonanz: Sowohl Führungskräfte, als auch Mitarbeiter gaben in Befragungen an, das neue Feedback-System als flexibler, motivierender und leistungsfördernder zu erleben.

Allerdings: Die Anwälte – also die Mitarbeiter des Kerngeschäfts von Linklaters – blieben bei diesem Veränderungsprozess ausgeklammert; für sie gibt es weiterhin ein Rating-System. Der Grund: Bei den Anwälten gilt ein sogenanntes „Up or Out" System: Innerhalb von 7 bis 10 Jahren werden sie entweder Partner, das heißt Miteigentümer, oder sie verlassen die Organisationen in aller Regel, auch wenn es einige Ausnahmen wie die dauerhafte Angestellten-Position eines „Counsel" gibt. In Befragungen machten die Anwälte deutlich, dass es ihnen lieber sei, einmal im Jahr ein dezidiertes Feedback mit einem Rating zu bekommen, sodass sie genau wissen, wo sie stehen, als kontinuierliche, aber möglicherweise weniger klare Rückmeldungen zu erhalten.

Dennoch hat sich der neue Ansatz für Linklaters gelohnt: Der Anteil der Business-Services-Mitarbeiter, die das Performance-Management-System als „effektiv" einschätzten, stieg innerhalb eines Jahres nach der Einführung des neuen Prozesses von 26 % auf 74 %, bei den Führungskräften sogar von 19 % auf 92 %.

Ziele und Historie von Mitarbeiterbeurteilungen

3

3.1 Begriffsbestimmung

„Performance Management" bezeichnet die Messung, Steuerung und Kontrolle der Leistung von Mitarbeitern, Teams und Bereichen von Organisationen (vgl. Hilgers 2008). Ziel ist es, die Leistung der Organisation kontinuierlich zu verbessern.

„Mitarbeiterbeurteilungen" sind ein zentrales Instrument des Performance Managements. Sie umfassen die Beurteilung der Leistung von Mitarbeitern in der Vergangenheit, d. h. sie beziehen sich auf das Arbeitsergebnis innerhalb eines bestimmten Zeitraums. Hierbei geht es zunächst um die Frage, inwiefern bestimmte Ziele erreicht und Anforderungen an eine Rolle erfüllt wurden, um zum Erfolg der Organisation beizutragen (vgl. Crisand und Rahn 2011). Außerdem geht es auch um die Frage, *wie* das Arbeitsergebnis erreicht wurde, das heißt, es wird auch das Verhalten beurteilt, mit dem die Resultate erbracht wurden, etwa ob kooperativ im Team zusammengearbeitet wurde.

In der Praxis sind die heute üblichen Beurteilungssysteme (vgl. Abb. 3.1) durch folgende Merkmale gekennzeichnet (Cappelli und Tavis 2016; Rock et al. 2014; Becker 2009):

Mitarbeiter werden einmal im Jahr

- anhand bestimmter Kriterien bzw. Kompetenzen
- und in Bezug auf die Erreichung von Zielen
- auf einer Ratingskala[1]
- durch den Vorgesetzten beurteilt,

---

[1]Beispiel: Auf einer 5-stufigen Skala werden die Mitarbeiter in die Kategorien von Performance Level 1 („übertrifft die Anforderungen") bis Performance Level 5 („erfüllt die Anforderungen nicht") eingeordnet.

© Springer Fachmedien Wiesbaden GmbH 2018
T. Schmidt, *Performance Management im Wandel*, essentials,
https://doi.org/10.1007/978-3-658-20660-4_3

Beurteilung

Name: _____   Bereich: _____

Fachliche Kompetenzen	Außergewöhn-lich hoch / Her-ausragend	Hoch ausge-prägt	Mittel ausge-prägt	weniger ausge-prägt
• Besitzt detaillierte Fachkenntnisse • Bewältigt auch anspruchsvolle Aufgaben erfolgreich	++ ☐	+ ☐	+/- ☐	- ☐

Bemerkungen:

Ergebnisorientierung	Außergewöhn-lich hoch / Her-ausragend	Hoch ausge-prägt	Mittel ausge-prägt	weniger ausge-prägt
• Erzielt hochwertige Arbeitsergebnisse • Steuert kreative, umsetzbare Ideen bei • Denkt und handelt unternehmerisch	++ ☐	+ ☐	+/- ☐	- ☐

Bemerkungen:

Selbstmanagement	Außergewöhn-lich hoch / Her-ausragend	Hoch ausge-prägt	Mittel ausge-prägt	weniger ausge-prägt
• Arbeitet schnell und effizient • Plant und organisiert die Arbeit professionell • Zeigt hohe Eigenverantwortung und Initiative	++ ☐	+ ☐	+/- ☐	- ☐

Bemerkungen:

Dienstleistungsverhalten	Außergewöhn-lich hoch / Her-ausragend	Hoch ausge-prägt	Mittel ausge-prägt	weniger ausge-prägt
• Baut vertrauensvolle Kundenbeziehungen auf • Übernimmt Verantwortung für Kundenwünsche • Erledigt Kundenwünsche schnell und umfassend	++ ☐	+ ☐	+/- ☐	- ☐

Bemerkungen:

Zusammenarbeit	Außergewöhn-lich hoch / Her-ausragend	Hoch ausge-prägt	Mittel ausge-prägt	weniger ausge-prägt
• Unterstützt andere Teammitglieder aktiv • Baut zahlreiche positive Beziehungen auf • Zeigt hohes Einfühlungsvermögen • Gibt und nimmt Feedback	++ ☐	+ ☐	+/- ☐	- ☐

Bemerkungen:

Gesamteinschätzung Leistung	Außergewöhn-lich hoch / Her-ausragend	Hoch ausge-prägt	Mittel ausge-prägt	weniger ausge-prägt
Diese soll eine Zusammenführung aller Kriterien zur Beurteilung sein und somit die Gesamtleistung darstellen.	++ ☐	+ ☐	+/- ☐	- ☐

Bemerkungen:

_____   _____
Datum, Unterschrift Vorgesetzter   Datum, Unterschrift Mitarbeiter

Abb. 3.1 Beispiel eines Beurteilungsformulars

- wobei zum Teil auch Rückmeldungen von Kollegen und Mitarbeitern einbezogen werden (360°-Feedback),
- die Beurteilungen im Führungskreis abgestimmt werden („Moderation"/„Kalibrierung") und
- es manchmal vorgegebene Quoten für die verschiedenen Bewertungsstufen („Forced Ranking") gibt, um eine konsistente Beurteilung der Mitarbeiter zu gewährleisten[2].
- Die Beurteilung wird dem Mitarbeiter im Rahmen eines „Jahresgesprächs" („Appraisal Meeting") zurückgemeldet.
- Hierbei werden zum Teil auf strukturierter Basis Selbsteinschätzung („Self Appraisal") und Fremdeinschätzung („Appraisal") miteinander abgeglichen und
- auf der Basis der Abweichung von Ist-Profil und Soll-Profil Personalentwicklungsmaßnahmen besprochen.
- Es werden Ziele für das kommende Geschäftsjahr vereinbart.
- Zusätzlich gibt es in vielen Unternehmen sogenannte „Halbjahresgespräche" („Mid Year Reviews").

3.2   Ziele von Beurteilungssystemen

Was soll eigentlich mit Mitarbeiterbeurteilungssystemen erreicht werden? Die einschlägige Fachliteratur (Becker 2009; Crisand und Rahn 2011; Schuler 2004) nennt hier folgende Aspekte:

- **Verbesserung der Leistung**

Im Rahmen der Beurteilung erhält der Mitarbeiter eine Rückmeldung von seiner Führungskraft dazu, wo seine Stärken und Schwächen in Bezug auf die Anforderungen an seine Rolle liegen. Dies versetzt ihn in die Lage, die erforderlichen Kompetenzen zu verbessern.

- **Personalentwicklung**

Um die Kompetenzen der Mitarbeiter gezielt weiterentwickeln zu können, werden auf Basis der Beurteilungen Maßnahmen zur Personalentwicklung geplant

---

[2]Beispiel: es können max. 20 % der Mitarbeiter Performance Level 1, maximal 30 % Performance Level 2 erhalten, etc.

und umgesetzt, zum Beispiel Aufgabenerweiterung, Training, Coaching etc. Außerdem können mittel- und längerfristige Karriere- und Entwicklungsziele besprochen sowie unterstützende Maßnahmen ergriffen werden.

• **Personalplanung**

Um gezielte Personalplanung – etwa die Übernahme von Führungspositionen oder sonstigen Schlüsselpositionen – vornehmen zu können, ist es erforderlich, dass nicht nur die bisherige Leistung, sondern auch das Potenzial der Mitarbeiter zur Übernahme verantwortungsvollerer Positionen in der Zukunft beurteilt wird („Potenzialanalyse"). Dadurch können Talente identifiziert und für die Besetzung von Stellen in der Zukunft qualifiziert werden.

• **Personalentscheidungen**

Auf der Grundlage von Beurteilungen können Personalentscheidungen wie etwa Beförderungen, aber auch Versetzungen oder Kündigungen getroffen werden.

• **Leistungsorientierte Vergütung**

Beurteilungen sollen dazu dienen, eine leistungsgerechte Entlohnung des Mitarbeiters zu gewährleisten. Mithilfe strukturierter Beurteilungsverfahren soll der Quervergleich zwischen Mitarbeitern erleichtert und dadurch eine transparente und leistungsgerechte Vergütungsstruktur ermöglicht werden.

• **Verbesserung der Personalführung**

Durch ein für das gesamte Unternehmen gültige Beurteilungssystem soll sich auch das Führungsverhalten angleichen und verbessern lassen. Alle Führungskräfte sind schließlich regelmäßig gefordert, Mitarbeiter anhand klar definierter Kompetenzen zu beurteilen und weiterzuentwickeln. Oft gibt es unterstützende Materialien und Schulungen, die die Führungskräfte darin unterstützen, faire Beurteilungen zu treffen und motivierende Gespräche zu führen.

• **Objektivierung der Personalarbeit**

Ein wesentliches Ziel von Beurteilungssystemen besteht darin, Leistungen möglichst objektiv anhand klar definierter Kriterien sichtbar zu machen und beurteilen zu können. Dadurch soll gewährleistet werden, auch weitere zentrale Personalentscheidungen auf einer objektiven Basis treffen zu können (Becker 2009).

Insgesamt fällt auf, dass mit diesem einen Instrument eine ganze Reihe unterschiedlicher Ziele erreicht werden sollen. Schuler (2004) weist darauf hin, dass manche dieser Ziele schwer miteinander vereinbar seien oder gar im Widerspruch stünden. So seien insbesondere Entscheidungen der Organisation (etwa zu Beförderungen oder zur Vergütung) auf der einen Seite und individuelle Lern- und Entwicklungsziele auf der anderen Seite „inkompatible Zielgrößen" (Schuler 2004, S. 4). Für die Personalentwicklung sei es erforderlich, dass der Mitarbeiter seine eigenen Defizite realistisch erkennt und beurteilt, um entsprechende Maßnahmen planen und ergreifen zu können. Wenn jedoch die gleiche Beurteilung herangezogen werde, um über die Gehaltszulage oder die Beförderung zu entscheiden, behindere dies ein offenes Ansprechen der Defizite, die Grundlage für mögliche Fördermaßnahmen sein sollen. Vielmehr würde der Mitarbeiter dafür incentiviert, sich selbst möglichst „über den grünen Klee zu loben".

3.3 Zur Geschichte von Mitarbeiterbeurteilungen

Erste Berichte von Mitarbeiterbeurteilungen gibt es bereits aus dem dritten Jahrhundert n. Chr. aus China (Vara 2015). Auch in Zeiten der frühen industriellen Revolution wurden rudimentäre Elemente der Leistungsbeurteilung verwendet. So berichtet etwa Vara (2015) vom Besitzer mehrerer Baumwollspinnereien in Schottland, der über den Arbeitsplätzen seiner Arbeiter Holzstücke mit unterschiedlicher Farbe befestigte, die jeweils die Leistung des Mitarbeiters widerspiegelten.

Die heute üblichen Mitarbeiterbeurteilungssysteme haben ihren Ursprung beim US-Militär (Cappelli und Tavis 2016). Im ersten Weltkrieg entwickelte die amerikanische Armee ein leistungsbezogenes Punktesystem, um Personal mit schwachen Leistungen leichter identifizieren und entlassen zu können. Im Laufe des zweiten Weltkrieges wurde dieses System weiterentwickelt, um mithilfe eines „Forced Rankings" Soldaten für die Offizierslaufbahn auszuwählen.

In den 60er Jahren des 20. Jahrhunderts hatten sich Beurteilungssysteme bereits in der US-Wirtschaft etabliert und breiteten sich auch in andere Regionen aus. Laut Cappelli & Tavis lag der Anteil der US-Unternehmen, die Beurteilungssysteme einsetzten, bereits zu dieser Zeit bei fast 90 %. Diese Systeme wurden in erster Linie eingeführt, um eine leistungsorientierte Vergütung zu ermöglichen und geeignete Führungskräfte zu identifizieren (Cappelli und Tavis 2016).

Ab den frühen 60er Jahren begannen Unternehmen, Mitarbeiter dazu zu ermutigen, auch Selbsteinschätzungen vorzunehmen und ihre Vorstellungen bei der Definition von Zielen einzubringen. Dieser Mitarbeiter-orientierte Ansatz lässt sich unter anderem auf die Arbeiten des Sozialpsychologen Douglas McGregor zurückführen, der in seiner „Theorie Y" davon ausging, dass Mitarbeiter grundsätzlich dazu motiviert und bereit sind, gute Leistungen zu erbringen, wenn sie entsprechende Gestaltungs- und Handlungsspielräume erhalten (vgl. Schüpbach 2013).

In den 70er Jahren, als hohe Inflationsraten und Lohnsteigerungen vorherrschten, wuchs der Bedarf, Gehaltsentscheidungen objektiver mit der Leistung von Mitarbeitern zu verknüpfen. Entsprechend stark beschäftigten sich Wissenschaft und HR-Abteilungen mit der Frage, wie sie Kriterien und Rating-Skalen entwickeln konnten, die ein möglichst großes Maß an Objektivität erzielten. In diesem Zuge wurden Kompetenzmodelle mit entsprechenden Verhaltensankern entwickelt, die dazu dienten, Leistungen und Kompetenzen möglichst klar, konkret und messbar zu definieren (Cappelli und Tavis 2016).

Ein Problem, das bei Beurteilungsverfahren bereits seit längerem konstatiert wurde, war, dass viele Führungskräfte ungern zwischen starken und schwachen Mitarbeitern differenzieren. So zeigte beispielsweise eine Studie in den 60er Jahren, dass Regierungsangestellte zu 98 % zufriedenstellende Bewertungen erhielten und nur 2 % explizit positive oder negative Beurteilungen bekamen (vgl. Cappelli und Tavis 2016). Vor diesem Hintergrund führte Jack Welch als CEO von General Electric in den 80er Jahren das „Forced Ranking" ein, bei dem klar vorgegeben wurde, wie viel Prozent der Mitarbeiter in welche Leistungskategorie eingeteilt werden konnten. Maximal 20 % der Mitarbeiter konnten das bestmögliche Rating erhalten und wurden als „A-Spieler" eingeschätzt. Sie wurden entsprechend belohnt und gefördert. 70 % der Mitarbeiter wurden als „B-Spieler" eingestuft, die man brauchte, damit das Unternehmen erfolgreich funktionierte. 10 % wurden als „C-Spieler" bewertet, denen man kündigte. Ein solches „Forced Ranking" System wurde Anfang der 2010'er Jahre von etwa zwei Drittel der führenden US-Unternehmen praktiziert (Rock et al. 2014), wenn auch meistens nicht mit der gleichen Radikalität, wie sie bei GE umgesetzt wurde, d. h. Mitarbeiter, die in die unterste Leistungskategorie fielen, wurden nicht notwendigerweise unmittelbar entlassen (Cappelli und Tavis 2016).

Bis heute sind klassische Mitarbeiterbeurteilungssysteme, wie sie in Abschn. 3.1 beschrieben wurden, weltweit bei der Mehrzahl von Unternehmen fest etabliert. Allerdings haben erste Unternehmen, insbesondere in angelsächsischen Ländern, begonnen, sich von ihnen abzuwenden.

Neue, agile Performance-Management-Ansätze

4

Laut Cappelli und Tavis (2016) war Adobe 2011 das erste große Unternehmen, das eine offene Abkehr vom traditionellen Ansatz der Mitarbeiterbeurteilung vollzog. Grund war, dass das System zunehmend in Konflikt stand zu der Art und Weise, wie Adobe seine Produkte entwickelte.

Das Unternehmen nutzte Prinzipien des „Agile Manifesto"[1], welches 2001 von Softwareentwicklern in den USA erstellt worden war: Software sollte nicht nach einem vorgegebenen Plan und langfristigen Zielen entwickelt werden. Vielmehr sollte auf eine erste Produktidee hin schnell ein erster Prototyp entwickelt werden, der dann unmittelbar erprobt, evaluiert und angepasst wird: „Reagieren auf Veränderung steht über dem Befolgen eines Plans", so die Grundidee[2].

Diese agile, iterative Vorgehensweise steht im Widerspruch zum klassischen Performance-Management-Ansatz, bei dem einmal im Jahr Ziele von der Spitze des Unternehmens hierarchisch an die Mitarbeiter kaskadiert werden. Stattdessen geht es darum, möglichst unmittelbar mit dem Kunden im Dialog zu sein, schnell Ideen umzusetzen und Feedback einzuholen. Um dies zu erreichen, sei Selbstorganisation ebenso essenziell wie die Selbstreflexion der Teams über das eigene Verhalten. In der Konsequenz bedeutet dies, dass kontinuierliches Feedback als unabdingbar angesehen wird, um erfolgreiche Produkte zu entwickeln. Dies wiederum steht im Gegensatz zum Gedanken, einmal oder zweimal im Jahr konzertiert Feedback auszutauschen. Vor diesem Hintergrund erscheint es folgerichtig, dass Adobe den jährlichen Beurteilungsprozess abschaffte und ein System kontinuierlichen Feedbacks einführte.

---

[1]Agilität: lateinisch agilis: flink; beweglich.
[2]zit. nach: Agile Softwareentwicklung, Wikipedia.

© Springer Fachmedien Wiesbaden GmbH 2018
T. Schmidt, *Performance Management im Wandel*, essentials,
https://doi.org/10.1007/978-3-658-20660-4_4

Andere Unternehmen, wie Kelly Services, Juniper Systems, Dell und Microsoft, folgten kurz darauf und verabschiedeten sich ebenfalls vom traditionellen Performance-Management-Ansatz mit Ratings, Jahresgesprächen und Zielvereinbarungen. Stattdessen setzten auch sie auf kontinuierliches Feedback und iterative, dynamische Zielvereinbarungsprozesse (Cappelli und Tavis 2016).

Interessant ist, dass die Initiative zur Veränderung des Performance-Management-Ansatzes jeweils direkt vom jeweiligen Kerngeschäft ausging und nicht von den HR-Abteilungen.

Auch wenn sich die Prozesse der Unternehmen zum Teil deutlich voneinander unterscheiden, gibt es unter den Pionieren neuer Performance-Management-Ansätze eine Reihe von Gemeinsamkeiten:

- Keine Ratings, keine Jahresziele, keine Jahresgespräche.
- Kontinuierliches Feedback: Feedbackgespräche werden regelmäßig geführt, anlass- und projektbezogen, mindestens aber einmal im Quartal.
- „Feedback auf Augenhöhe" statt eines klassisch hierarchischen Mitarbeitergesprächs.
- Der Prozess wird partizipativ gestaltet: Prioritäten werden gemeinsam vereinbart; neben den Rückmeldungen der Führungskraft zählt ebenso das Feedback von Kollegen und Mitarbeitern.
- Statt langfristiger Jahresziele werden Prioritäten permanent angepasst.
- Statt der Beurteilung des Mitarbeiters steht die Besprechung der weiteren Zusammenarbeit und die Personalentwicklung im Mittelpunkt.
- Der Fokus liegt auf der Zukunft, statt auf der Vergangenheit.
- Die Stärken des Mitarbeiters werden in den Mittelpunkt gerückt: Es geht nun um die Frage, wie die Stärken des Mitarbeiters in Zukunft optimal genutzt werden können, um zum Erfolg der Organisation beizutragen[3] (Buckingham und Goodall 2015).
- Der Prozess wird schlank und informell gehalten: Der Schwerpunkt liegt auf dem persönlichen Gespräch, der administrative Aufwand wird minimiert.

---

[3]Das Prinzip der Stärkenfokussierung basiert auf empirischen Befunden: So haben Studien des Gallup Instituts schon in den 90er Jahren gezeigt, dass sich leistungsstarke Teams von schwachen bei Befragungen vor allem dadurch unterschieden, ob die Mitarbeiter das Gefühl hatten, die eigenen Stärken in ihrer täglichen Arbeit einbringen zu können (Buckingham und Goodall 2015). Außerdem zeigen zahlreiche Studien, dass Menschen am besten lernen, wenn sie deutlich mehr positive als kritische Rückmeldungen erhalten, idealerweise im Verhältnis von 3:1 bis 5:1 (siehe Buckingham 2013).

Als Treiber hinter den Veränderungen im Performance Management können verschiedene gesellschaftliche und wirtschaftliche Entwicklungen identifiziert werden, die ich – auf Basis der Arbeiten von Cappeli und Tavis (2016) und Rock und Jones (2015) – mit den Begriffen Dynamisierung, Digitalisierung, Demokratisierung und Demografischer Wandel, als vier D, zusammenfassen möchte (Abb. 5.1):

Digitalisierung
Die mittlerweile fast vollständig erfolgte Digitalisierung der weltweit verfügbaren Informationen hat die Grundlage für die Entwicklung neuer, disruptiver Geschäftsmodelle gelegt, wie etwa von Uber und airbnb. Dies führt zu gänzlich anderen Anforderungen an Mitarbeiter in Unternehmen: Sie arbeiten häufiger IT-basiert in virtuellen Teams zusammen, die global verteilt sind, losgelöst von Ort und Zeit (vgl. Armutat 2015). Außerdem kooperieren sie oft nicht mehr nur mit einem einzigen Team und einer einzigen Führungskraft. Vielmehr erfolgt die Zusammenarbeit in unterschiedlichen Projekten, in einem multiplen Beziehungsgeflecht. In diesen netzwerkartigen Konstellationen verliert ein System, in dem ein Mitarbeiter nur einmal im Jahr, von nur einem Vorgesetzten Feedback erhält, zunehmend an Sinn (Trost 2015).

Dynamisierung der Weltwirtschaft
In Zeiten disruptiver Veränderungen wird die Innovationskraft eines Unternehmens zunehmend zum entscheidenden Wettbewerbsfaktor. Dies wird zunächst in IT-getriebenen Bereichen sichtbar, gilt aber perspektivisch für alle Branchen. Um Innovationskraft zu stärken, ist es notwendig, die Mitarbeiter zu befähigen, alte Verhaltensweisen und Prozesse hinter sich zu lassen und möglichst rasch neue

© Springer Fachmedien Wiesbaden GmbH 2018
T. Schmidt, *Performance Management im Wandel*, essentials,
https://doi.org/10.1007/978-3-658-20660-4_5

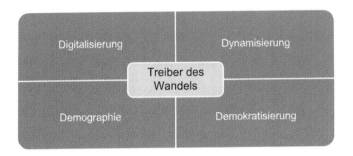

Abb. 5.1 Die vier Treiber des Wandels im Performance Management

Lösungen und Ideen zu entwickeln. Ein System, das entwickelt wurde, um längerfristige Ziele zu vereinbaren und vergangenes Verhalten zu beurteilen, ist in diesem Kontext zu statisch und langsam. Es behindert die geforderte Dynamik, indem es Mitarbeiter dazu bewegt, sich an statischen Rollenanforderungen und langfristig fixierten Zielen zu orientieren (Rock und Jones 2015).

Demokratisierung

Wenn Innovationskraft zum zentralen Wettbewerbsfaktor wird und diese immer stärker von jedem einzelnen Mitarbeiter abhängt, ist es für Unternehmen zwingend erforderlich, ihre Mitarbeiter zu befähigen, eigenverantwortlich zu handeln und in Kooperation mit Kollegen und Kunden kreative Lösungen zu entwickeln (Trost 2015). Dies ist auch deshalb so wichtig, weil die Führungskräfte gerade in IT-basierten, hoch technisierten Gebieten den Mitarbeitern, die sie beurteilen sollen, oft nicht mehr überlegen sind. Vielmehr ist es umgekehrt der Fall, dass gerade jüngere Arbeitnehmer oft einen enormen Wissensvorsprung auf ihrem Arbeitsgebiet vor ihren Vorgesetzten haben.

Die Rolle der Führungskraft wandelt sich in diesem Kontext von jener des „allwissenden Chefs" zu der eines Coaches, der den Mitarbeiter dabei unterstützt, dass seine Lösungen auch umgesetzt werden können. Es findet also eine Veränderung der Machtverhältnisse statt, in der sich Führungskraft und Mitarbeiter zunehmend auf Augenhöhe begegnen. In diesem Kontext wirkt der klassische Ansatz zur Mitarbeiterbeurteilung hierarchisch und antiquiert (vgl. Trost 2015).

Demografischer Wandel

Die seit mehreren Jahrzehnten relativ niedrige Geburtenrate in vielen westlichen Industriestaaten hat zu einer Knappheit von Nachwuchstalenten bei vielen Unternehmen geführt. Dadurch steigt der Druck, sich als attraktiver Arbeitgeber zu positionieren und interessante Entwicklungsmöglichkeiten zu bieten. Der Fokus innerhalb des Themenbereichs Performance Management verschiebt sich dadurch von der Beurteilung zur Förderung der Mitarbeiter. Das ist auch deshalb erforderlich, weil immer mehr Tätigkeiten in wissensbasierten, technologie-unterstützten Bereichen angesiedelt sind, für deren erfolgreiche Ausübung eine kontinuierliche Weiterentwicklung der Mitarbeiter unabdingbar ist (Szelecki 2014).

Hinzu kommt, dass die Generation der „Millennials", die bis 2020 die Hälfte der Mitarbeiter in Unternehmen weltweit stellen wird, laut übereinstimmender Untersuchungen zeitnahes Feedback einfordert und traditionelle, hierarchische Strukturen mehrheitlich ablehnt (Woods 2014).

Traditionelle und neue Performance-Management-Ansätze im Vergleich

Kritik am klassischen Performance-Management-System

In den vergangenen Jahren ist das traditionelle Performance-Management-System immer stärker in die Kritik geraten, wie verschiedene Studien zeigen:

- Laut der Mercer Global Performance Management Survey 2013 waren gerade einmal 3 % der befragten Unternehmen weltweit der Auffassung, dass ihr Performance-Management-System einen echten Mehrwert leistet (Mercer 2013).
- In einer Studie des Beratungsunternehmens Corporate Executive Boards (CEB) gaben 95 % der Führungskräfte an, dass sie mit ihrem Performance-Management-System unzufrieden sind (CEB 2013).
- Auch die HR-Abteilungen äußerten massive Zweifel an ihren Beurteilungsverfahren. So meinten in der CEB-Studie 90 % der Personalleiter, dass ihr Performance-Management-System keine akkuraten Informationen liefere (CEB 2013).
- In der Mercer Studie 2015 gaben 48 % der HR-Manager weltweit an, dass sie aktuell ihr Performance-Management-System überarbeiten oder planen, dies in naher Zukunft zu tun (Mercer 2015).

Diese Befunde wurden durch verschiedene Autoren aufgegriffen und durch weitere Argumente untermauert. Insbesondere die Artikel „Kill your performance ratings" (Rock et al. 2014) und „Why more and more companies are ditching performance ratings" (Rock und Jones 2015), die vom NeuroLeadership Institute veröffentlicht wurden, stießen auf große Resonanz. Sie führen folgende Kritikpunkte auf:

© Springer Fachmedien Wiesbaden GmbH 2018
T. Schmidt, *Performance Management im Wandel*, essentials,
https://doi.org/10.1007/978-3-658-20660-4_6

- Performance-Management-Prozesse seien zu aufwendig, komplex und büro-kratisch. Laut CEB gaben Manager an, dass sie im Schnitt 210 h pro Jahr für Leistungsbeurteilungen aufwenden. Deloitte berechnete, dass im gesamten Unternehmen mehr als zwei Millionen Stunden auf den Performance-Manage-ment-Prozess verwendet werden (Cappelli und Tavis 2016). Für die HR-Abtei-lungen wie für das Business sei der Aufwand enorm.
- Meist fühlten sich bei Mitarbeiterbeurteilungen alle Beteiligten unwohl in ihrer Haut: Die Führungskräfte, weil sie Angst haben, ihre Mitarbeiter mit kri-tischen Beurteilungen zu demotivieren. Die Mitarbeiter, weil sie – ungeachtet ihres Alters – noch immer, wie einst in der Schule, „benotet" werden und ihr gesamtes Wirken des vergangenen Jahres auf eine Zahl, auf eine „Note", redu-ziert werde.
- Eine Reihe von Studien belegen, dass Beurteilungen eine geringe Validität auf-weisen. Häufig sei die Beurteilung genauso stark durch die Persönlichkeit und die Präferenzen des Beurteilers erklärbar wie durch die Leistung des Beurteil-ten (Vara 2015).
- Hinzu kommt, dass das Rating nicht alleine durch die eigene Leistung beein-flussbar ist. Beim „Forced Ranking" kann nur eine klar festgelegte Prozent-zahl von Mitarbeitern ein Top-Rating erhalten und eine bestimmte Prozentzahl muss die schlechteste Note bekommen. Die Mehrheit der Mitarbeiter landet irgendwo dazwischen. Die Folgen: Die Beurteilung heize Konkurrenzdenken an, führe zu wechselseitigem Misstrauen und zu einer Beeinträchtigung des Betriebsklimas.
- Neurowissenschaftliche Studien belegen, dass das Erhalten von Ratings die Ausschüttung von Stresshormonen auslöst. Dies führe nicht nur zu einem emo-tional negativen, mit Angst und Stress verbundenen Erlebnis. Es verhindere nachweislich, dass Mitarbeiter Feedback aufnehmen, verarbeiten und umset-zen könnten. Interessanterweise sei das nicht nur bei kritischen Beurteilungen der Fall, sondern auch bei positiven Einschätzungen. Sogar Mitarbeiter, die die Bestnote erhielten, zeigten in Studien eine hohe Ausschüttung von Kate-cholaminen wie Adrenalin und Noradrenalin und konnten sich im Nachgang kaum oder nur teilweise an das Feedback erinnern, geschweige denn daraus lernen. Der Grund: Die Ausschüttung dieser Stresshormone führe aufgrund unserer evolutionsbiologischen Ausstattung dazu, dass wir auf einen Kampf- oder Fluchtmodus programmiert würden. Das sei einst nützlich gewesen, um vor wilden Tieren zu entkommen. Es helfe jedoch nicht dabei, Feedback – ob positiv oder negativ – in kreative Produkte umzusetzen, Prozesse zu optimieren oder innovative Strategien zu entwickeln.

- Mitarbeiterbeurteilungen erreichen also teilweise das Gegenteil von dem, was mit ihnen bezweckt wird: „Feedback kommt nicht an. Lernen wird verhindert. Mitarbeiter werden frustriert. Kooperation wird behindert und Konkurrenzdenken geschürt" (Schmidt 2016).

- Ein wesentlicher Grund dafür sei, dass der Fokus nicht auf der Verbesserung der Leistung und Zusammenarbeit, sondern vielmehr auf der Belohnung oder Bestrafung des Verhaltens in der Vergangenheit läge. Dies wiederum verstärke die Annahme eines „fixed mindset", also der Annahme, dass Menschen kaum lernfähig seien. Viel hilfreicher sei es, vom „growth mindset" auszugehen, also von der Hypothese, dass alle Menschen permanent dazu lernen und sich weiterentwickeln könnten. Nur dann könne man erreichen, dass sich Organisationen weiterentwickeln und erfolgreich sein können (Rock et al. 2014).

Herausforderungen neuer, agiler Performance-Management-Ansätze

In der jüngsten Vergangenheit mehren sich wiederum die Stimmen, die vor dem Abschaffen traditioneller Beurteilungssysteme warnen (Goler et al. 2016). Es wird argumentiert, dass die Kritik an den traditionellen Beurteilungssystemen zwar in Teilen berechtigt sei, aber die radikale Abkehr von Ratings zahlreiche Probleme schaffe. Folgende Kritikpunkte und Herausforderungen neuer, agiler Performance-Management-Prozesse werden genannt (vgl. Cappelli und Tavis 2016):

- Beim klassischen Beurteilungsprozess werden Kompetenzen möglichst klar definiert und mit konkreten, beobachtbaren Verhaltensankern beschrieben, anhand derer die Mitarbeiter beurteilt werden können, zum Teil unter Berücksichtigung des Feedbacks von Kollegen und Mitarbeitern (360°-Feedback). Fehlen diese Prozesselemente, erhöht sich die Subjektivität der Beurteilung. Daher stellt sich die Frage, wie bei Personalentscheidungen – Vergütung, Beförderungen, Versetzungen etc. – eine möglichst hohe Objektivität hergestellt werden kann, wenn auf die etablierten Beurteilungsprozesse verzichtet wird.

- Wenn das persönliche, informelle Feedback im Vordergrund steht, stellt sich die Frage, wie dieses erfasst und festgehalten werden kann. Dies kann etwa erforderlich sein, wenn Personalentscheidungen getroffen, Disziplinarmaßnahmen ergriffen werden, Vorgesetztenwechsel anstehen oder Zeugnisse geschrieben werden sollen. Gerade für kleinere oder mittelgroße Unternehmen kann es eine große Herausforderung sein, IT-Systeme zu entwickeln oder einzukaufen, die zeitnahes, kontinuierliches Feedback erfassen können.

- Der Fokus auf die Stärken des jeweiligen Mitarbeiters und auf positives Feedback kann dazu führen, dass kritische Rückmeldungen vermieden und schlechte Leistungen nicht mehr benannt und geahndet werden. Dies kann die Leistungskultur eines Unternehmens beeinträchtigen.

Vor diesem Hintergrund gibt es mittlerweile einen Gegentrend zur Rückkehr von Ratings. So gibt es einige Berichte von Unternehmen, die ihre Ratings bereits aufgegeben hatten und mittlerweile zu ihnen zurückgekehrt sind. So verzichtete Deloitte ursprünglich komplett auf Kennzahlen, bevor das Unternehmen alternative Formen zur Mitarbeiterbeurteilung einführte (Cappelli und Tavis 2016). Im neuen Ansatz werden Teamleitern zukunftsorientierte Aussagen zu ihren Mitarbeitern vorgelegt, beispielsweise: „Würde ich diesem Mitarbeiter, unter der Annahme, dass es sich um mein Geld handelte, die höchstmögliche Gehaltssteigerung und Bonuszahlung gewähren?". Diese Daten werden nach jedem Projekt, spätestens aber vierteljährlich, erhoben und bei Personalentscheidungen herangezogen. Die früheren, „eindimensionalen" Ratings hat man damit durch ein „großes Datenbild" ersetzt. Intel führte ein zweijähriges Pilotprojekt mit einem alternativen Performance-Management-Prozess durch, bei dem die Mitarbeiter zwar Feedback, aber keine Ratings mehr erhielten. Danach kehrte das Unternehmen wieder zu dem alten System zurück, da dies „für gesunden Wettbewerb und klare Ergebnisse" sorge (Cappelli und Tavis 2016, S. 52). Der Versicherer New York Life hatte die Ratings ebenfalls abgeschafft, aber eine leistungsorientierte Vergütung beibehalten. Die Höhe der Gehaltserhöhung galt schnell als neuer Indikator für die Leistungsbeurteilung und wurde als „verstecktes Rating" angesehen. Deshalb führte das Unternehmen die Ratings wieder ein, auch wenn es andere Elemente des neuen Systems, wie vierteljährliches Feedback, beibehielt.

Ein viel beachtetes Plädoyer für den Einsatz von Ratings hielt Wharton-Professor Adam Grant zusammen mit den HR-Verantwortlichen von Facebook, Lori Goler und Jannelle Gale, in einem Artikel in der Harvard Business Review (2016). Sie argumentieren, dass Beurteilungen ohnehin gemacht werden, ob man sie nun veröffentlicht oder nicht. Vorgesetzte machen sich stets ein Bild von der Leistung ihrer Mitarbeiter und müssen das auch tun, damit Personalentscheidungen, etwa in Bezug auf Vergütung oder Beförderungen, getroffen werden können. Würde man auf veröffentlichte, dokumentierte Beurteilungen verzichten, so verlagere man Beurteilungen hinter verschlossene Türen und verstecke sie in einer „Black Box". Das sei gegenüber den Mitarbeitern intransparent und unfair. Deshalb habe man sich bei Facebook entschlossen, Ratings beizubehalten.

Die Ergebnisse der Studie „Mitarbeiterbeurteilung im Wandel"

7

Ziel der in Kooperation mit der Deutschen Gesellschaft für Personalführung (DGFP) und der Frankfurt School of Finance & Management durchgeführten Studie „Mitarbeiterbeurteilung im Wandel" war es, herauszufinden, wie die aktuellen Performance Management Systeme in Deutschland strukturiert sind und wie sie aus Sicht von Personalmanagern verbessert werden könnten.

Insgesamt beteiligten sich 125 Unternehmen aus unterschiedlichen Branchen an der Studie.

Die Mehrzahl der an der Studie beteiligten Unternehmen sind große oder mittelgroße Unternehmen. Knapp 40 % haben über 10.000 Mitarbeiter (38,5 %) und fast 35 % zwischen 1001 und 10.000 Mitarbeitern (34,4 %).

Mehr als 45 % der Befragten sind als Personalleiter tätig, 24 % als Leiter oder Referent Personalentwicklung und 23 % als Leiter oder Referent Compensation & Benefits und 7,7 % als HR Business Partner oder Personalreferent.

Der klassische Performance-Management-Ansatz dominiert

Die meisten der befragten Unternehmen verwenden aktuell einen klassischen Performance-Management-Ansatz mit Jahresgesprächen, Zielvereinbarungen und Beurteilungen anhand von Kompetenzmodellen und Ratingskalen. Insbesondere das Instrument der Jahresgespräche gibt es fast flächendeckend:

- Knapp 93 % der Unternehmen führen Jahresgespräche durch.
- 82 % der Unternehmen haben einen strukturierten Prozess zur Beurteilung von Mitarbeitern.
- 76 % nutzen Ratingskalen, wobei die meisten davon (etwa zwei Drittel) eine 5-stufige Skala verwenden. Auch 4-stufige Skalen werden von mehreren Unternehmen eingesetzt (knapp ein Fünftel), andere Skalenformen (3-stufig, 6-stufig, 7-stufig) sind recht selten.

© Springer Fachmedien Wiesbaden GmbH 2018
T. Schmidt, *Performance Management im Wandel*, essentials,
https://doi.org/10.1007/978-3-658-20660-4_7

21

- 73 % der Unternehmen verwenden Kompetenzmodelle, anhand derer die Mitarbeiter beurteilt werden.
- Knapp die Hälfte der Unternehmen (48 %) verwenden Vorgaben bezüglich der Verteilung der Bewertungen (Forced Distribution, Target Distribution o. ä.). Allerdings werden diese Vorgaben nur in wenigen Fällen rigoros umgesetzt (klassisches Forced Ranking).

Die Kommentare zeigten, dass sich die Unternehmen stark darin unterscheiden, wie verbindlich sie die verschiedenen Personalinstrumente einsetzen. So gaben einige Teilnehmer an, dass Jahresgespräche zwar angeregt, aber nicht nachgehalten würden oder dass Ratings zwar für manche Mitarbeitergruppen angewandt würden, für andere jedoch nicht. In anderen Unternehmen dagegen werden die Prozesse konsequent für alle Bereiche und Mitarbeiter umgesetzt.

Die aktuellen Beurteilungssysteme werden als „befriedigend" bewertet
Die Zufriedenheit der befragten Personalleiter und -referenten mit ihrem Beurteilungssystem liegt im mittleren Bereich. Auf einer Schulnotenskala vergeben sie im Durchschnitt eine Note von 3,1. 38 % der Befragten bewerten ihr Beurteilungssystem als „befriedigend" (Note 3), jeweils knapp ein Viertel bewerten es als „ausreichend" (24 %) bzw. „gut" (23 %). 9 % schätzen es negativ ein, nur 5 % als „sehr gut" (Abb. 7.1).

Wie zufrieden sind Sie mit Ihrem Beurteilungssystem auf einer Schulnoten-Skala von 1 (sehr gut) bis 6 (ungenügend)?

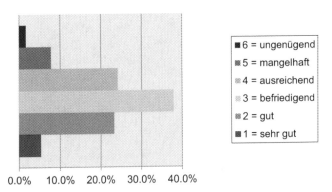

Abb. 7.1 Im Schnitt erhalten die Beurteilungssysteme der Unternehmen von den Befragten die Note „befriedigend"

Das kann man einerseits als mediokeren Wert einstufen, wenn man bedenkt, dass es sich beim Beurteilungssystem um ein Herzstück der Personalarbeit handelt, das höchsten Ansprüchen gerecht werden sollte. Andererseits kann man das Ergebnis aber auch so interpretieren, dass deutlich weniger Bedarf zur radikalen Umgestaltung der Performance-Management-Prozesse von deutschen HR'lern gesehen wird, als es andere, internationale Untersuchungsergebnisse vermuten lassen. So hatten in der Untersuchung des CEB 90 % der Personaler angegeben, dass ihr Performance-Management-System keine akkuraten Informationen liefere (CEB 2013).

Auf die anschließenden offenen Fragen, was aktuell gut bzw. weniger gut funktioniere, gibt es fast die identische Anzahl von Rückmeldungen; 85 von 125 Personen antworten auf die Frage nach den positiven Aspekten und 86 auf die nach den negativen. Dies bestätigt das Bild einer mittleren Zufriedenheit mit den Beurteilungssystemen und widerspricht der These, dass die traditionellen Prozesse angesichts eines veränderten wirtschaftlichen Umfelds mittlerweile als dysfunktional erlebt werden. Ein akuter Handlungsbedarf, gar eine – für einen Veränderungsprozess wichtige – „Burning Platform" (Kotter 2007) wird überwiegend nicht wahrgenommen.

Das Beste am Prozess ist der Prozess
Die Teilnehmer wurden gefragt, was an Ihrem Beurteilungssystem gut funktioniert. Ähnliche Antworten wurden zu Themen-Clustern zusammengefasst:

- Der mit 29 Nennungen am häufigsten genannte positive Aspekt war, dass es sich beim Beurteilungssystem um einen gut funktionierenden, etablierten Prozess handelt, der von allen Beteiligten strukturiert umgesetzt wird und gut mit anderen HR-Prozessen wie Beförderungen, Personalentwicklungsmaßnahmen etc. verzahnt sei.
- 19 Teilnehmer betonten, dass der jährliche Beurteilungsprozess sicherstelle, dass regelmäßig Feedbackgespräche zwischen Führungskraft und Mitarbeiter stattfinden.
- 13 Teilnehmer erwähnten, dass die Beurteilungssysteme Leistung transparent und objektiv sichtbar machten.
- Befragte hoben hervor, dass die Beurteilung zur gezielten Personalentwicklung hilfreich sei und 6 Personen meinten, dass das Beurteilungssystem zu besseren Personalentscheidungen bzw. zur gezielteren Personalplanung beitrage.

Interessant an diesem Ergebnis ist, dass ein Aspekt am häufigsten hervorgehoben wird, der im Grunde genommen ein reiner Selbstzweck ist: Gut funktioniert an dem Prozess, dass der Prozess gut funktioniert. Der eigentliche Nutzen für die Organisation scheint darüber in den Hintergrund getreten zu sein.

Die aktuellen Beurteilungssysteme erfüllen ihre Ziele nicht ausreichend
Auf die Frage, was am aktuellen Beurteilungssystem weniger gut funktioniert, wird am häufigsten genannt, dass Beurteilungen wenig objektiv und valide sind: 28 Personen erwähnen diesen Aspekt. Fast ebenso oft wird erwähnt, dass viele Führungskräfte davor zurückschrecken, kritische Beurteilungen zu treffen und diese daher zu positiv ausfielen („Inflation der guten Noten"). 19 Teilnehmer finden, dass der Prozess zu aufwendig, komplex und bürokratisch sei.

In einem weiteren Analyseschritt wurde ausgewertet, ob die Ziele von Beurteilungssystemen, wie sie in Abschn. 3.2 skizziert wurden (Leistungsverbesserung, Personalentwicklung, Personalplanung und -entscheidungen, leistungsorientierte Vergütung, Personalführung, Objektivierung der Personalarbeit), häufiger bei der Frage danach genannt wurden, was am aktuellen Beurteilungssystem gut funktioniert als bei jener, was weniger gut funktioniert. Nun hätte man erwarten können, dass diese Aspekte häufiger bei der Frage nach den positiven Aspekten genannt wurden. Tatsächlich ist jedoch das Gegenteil der Fall: Insgesamt gibt es in Bezug auf die in Abschn. 3.2 genannten Ziele von Beurteilungen deutlich mehr negative Äußerungen (47) als positive (31) (Abb. 7.2).

Nur zwei Zielkategorien werden häufiger bei der Frage nach den positiven Aspekten genannt als bei den negativen: Personalplanung & -entscheidungen (6 positive, keine negative Nennung) sowie Personalentwicklung (8 positive, 5 negative Nennung).

Ansonsten ist das Bild wenig erfreulich: Zwar sagen 13 Befragte, dass das Beurteilungssystem zur Objektivierung der Personalarbeit beitrage, aber 28 meinten, die Beurteilungen seien inkonsistent und wenig valide. Kein Teilnehmer meint, dass die Beurteilungssysteme zur Verbesserung der Personalführung beitragen.

Insgesamt, so lässt sich das Feedback der Personalmanager interpretieren, erfüllen die aktuellen Beurteilungssysteme ihre Ziele nicht in ausreichendem Maße.

Das Ideal: So wie bisher, nur besser
Abschließend wurden die Teilnehmer gefragt, wie aus Ihrer Sicht ein idealer Ansatz zum Performance Management aussähe. Hier ergaben sich acht Themen.

- **Kontinuierliches, regelmäßiges Feedback:** 19 Teilnehmer sahen kontinuierliches, offenes und ehrliches Feedback als besonders wichtig an. Feedback sollte mindestens einmal im Quartal, aber auch anlassbezogen, etwa nach Projekten ausgetauscht werden.

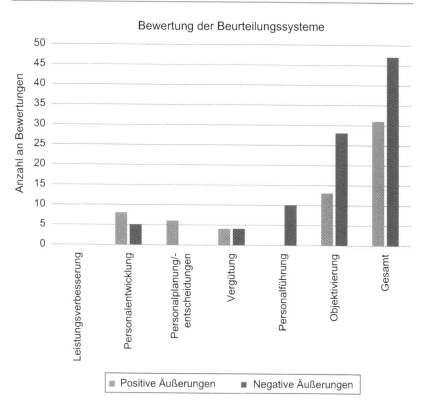

Abb. 7.2 In Bezug auf die wichtigsten Ziele von Beurteilungssystemen überwiegen die kritischen Äußerungen

- **Fokus auf Personalentwicklung:** 13 Personen betonen, dass der Entwicklungscharakter des Performance Managements im Vordergrund stehen sollte.
- **Entkoppelung von Vergütungsentscheidungen:** Zehn Teilnehmer sind der Auffassung, dass Feedback und Personalentwicklung von Vergütungsentscheidungen so weit wie möglich getrennt werden sollten. Drei Teilnehmer sprechen sich dagegen ausdrücklich *für* eine Kopplung von Leistungsbewertung und individueller Vergütung aus.
- **Zielvereinbarung:** Neun Teilnehmer sehen in einem funktionierenden Zielvereinbarungssystem einen zentralen Eckpfeiler erfolgreichen Performance Managements.
- **Partizipativer Prozess:** Sieben Befragte heben hervor, dass Performance-Management-Prozesse partizipativ gestaltet werden sollten. Ziele sollten

gemeinsam entwickelt werden. Feedback sollte auch von Kollegen eingeholt und auf Augenhöhe ausgetauscht werden.

- **Kompetenz- und Rollenbasiert:** Sieben Teilnehmer betonen, dass Kompetenzen, Rollen und Aufgaben der Mitarbeiter klar definiert sein müssen, um auf dieser Basis Feedback geben und gezielte Personalentwicklungsmaßnahmen einleiten zu können.
- **Einfacher, effizienter Prozess:** „Keep it simple", meinen sechs der Befragten: Der Beurteilungsprozess solle möglichst schlank und effizient gestaltet und durch anwenderfreundliche Technik unterstützt werden.

Die Mehrzahl der Befragten würde also zentrale Elemente des traditionellen Performance-Management-Prozesses beibehalten, wie etwa Kompetenzmodelle und Zielvereinbarungen. Allerdings würden sie diese gerne durch neuere Ansätze – kontinuierliches Feedback „auf Augenhöhe", Fokus auf die Personalentwicklung, partizipativer Prozess – ergänzen.

Rating oder kein Rating – das ist *nicht* die Frage

Ob Ratings beibehalten werden sollten oder nicht, thematisieren nur drei Teilnehmer bei der Frage nach dem idealen Performance-Management-Ansatz: Zwei sind der Meinung, dass ein idealer Prozess keine Ratings mehr beinhalten sollte. Ein Teilnehmer weist darauf hin, dass ein Abschaffen von Ratings auch keine Lösung sei, wenn man eine leistungsorientierte Vergütung beibehalte, da die Leistungsdifferenzierung bei der Vergütung letztlich einem indirekten Rating entsprechen würde.

Bei den Fragen danach, was am bisherigen Beurteilungssystem gut bzw. weniger gut funktioniert, werden Ratings überhaupt nicht thematisiert. Das deutet darauf hin, dass diese strittige Frage, die im internationalen Kontext so kontrovers diskutiert wird, von deutschen Personalleitern und -referenten als weniger brisantes Thema gesehen wird.

Innovative Performance-Management-Ansätze: Drei Fallbeispiele

8

Im Folgenden werden exemplarisch drei Unternehmen dargestellt, die ihr Performance Management System in der jüngsten Vergangenheit umgestaltet haben. Accenture und SAP haben ihre früheren Prozesse radikal verändert und sich von den klassischen Tools wie Ratings und Jahresgesprächen verabschiedet. Lufthansa dagegen steht für den Ansatz einer evolutionären Weiterentwicklung der bestehenden Performance-Management-Prozesse.

Es soll im Folgenden nicht darum gehen, zu urteilen, welcher Ansatz „besser" oder „schlechter" ist. Vielmehr ist das Ziel, unterschiedliche Herangehensweisen transparent darzustellen, um für die Praxis Anregungen und Handlungsoptionen zu geben.

8.1 Accenture: „It's all about you!"

Warum wurde der Performance-Management-Prozess verändert?

Bis vor kurzem war Accenture[1] bekannt für seinen klassischen, rigorosen Performance-Management-Ansatz: Einmal im Jahr wurden alle Mitarbeiter gemäß eines Forced Rankings in eine von vier Kategorien eingeteilt: „Below Peer Group", „Consistent with Peer Group", „Above Peer Group" oder „Significantly Above Peer Group". Dabei wurde die Zielverteilung für die Ratings auf den Prozentwert genau eingehalten, in jeder Geschäftseinheit. Die Festlegung der Beurteilung bestimmte dann den Bonus und determinierte zum großen Teil auch, wer wann befördert werden konnte.

---

[1]Mein Dank gilt an dieser Stelle Alexandra Laerbusch, Talent Strategist bei Accenture, für ihre aktive und engagierte Mitarbeit an diesem Kapitel.

© Springer Fachmedien Wiesbaden GmbH 2018
T. Schmidt, *Performance Management im Wandel*, essentials,
https://doi.org/10.1007/978-3-658-20660-4_8

Während dieses System Verlässlichkeit und Klarheit versprach, mehrten sich doch im Laufe der vergangenen Jahre die Kritikpunkte:

- Das System war rückwärtsgerichtet. Der Fokus lag auf vergangenen Leistungen und weniger auf dem Potenzial der Mitarbeiter und dem Blick auf zukünftige Herausforderungen.
- Das jährliche Appraisal- und Zielvereinbarungssystem war zu langsam und zu statisch, um den immer kürzeren Projektzyklen Rechnung tragen zu können.
- Der alte Prozess erfüllte nicht die Erwartungen der jungen Generation an kontinuierliches Feedback.
- Das Forced Ranking kostete viel Zeit und brachte wenig Mehrwert: Um die vorgegebene Zielverteilung einhalten zu können, war es erforderlich, die Mitarbeiter in Bezug auf ihre Leistungen miteinander zu vergleichen. Hierdurch wurde viel Zeit mit dem Besprechen von Mitarbeitern an den Übergängen zwischen den unterschiedlichen Kategorien (z. B. „Consistent with Peer Group" und „Above Peer Group"), verbracht, da diese Eingruppierung für die Festlegung der Vergütung und der Karriereentwicklung maßgeblich war.
- Dadurch, dass die Ratings in Management-Konferenzen festgelegt wurden, hing die Eingruppierung nicht nur von der Leistung der Mitarbeiter ab, sondern auch vom Einfluss und Argumentationsgeschick ihrer jeweiligen Führungskräfte.
- Das alte System war für eine reibungslose Teamarbeit kontraproduktiv: Das Forced Ranking implizierte, dass Mitarbeiter in unmittelbarer Konkurrenz zueinanderstanden, was die Kooperation, die für den Erfolg auf Projekten zwingend erforderlich ist, erschwerte.

Was sind die Ziele des neuen Performance-Management-Ansatzes?

Vor dem Hintergrund der oben geschilderten Probleme des klassischen Performance-Management-Prozesses wurden mit dem neuen Ansatz folgende Ziele verfolgt:

- Einführung eines agileren und flexibleren Performance-Management Ansatzes, welcher besser mit der erhöhten Geschwindigkeit des Beratungsgeschäfts zusammenpasst.
- Fokus auf die Stärken und Potenziale der Mitarbeiter statt auf die Defizite und die Leistung in der Vergangenheit.
- Stärkung der Kooperation und des Teamgeistes.
- Förderung einer offenen Kommunikations- und Feedback-Kultur.
- Steigerung des Engagements und der Motivation der Mitarbeiter.

Wie wird versucht, die Ziele zu erreichen?

„It's all about you!" lautet das Motto des neuen Performance-Management-Ansatzes von Accenture. In Zusammenarbeit mit dem Gallup-Institut untersuchte Accenture, was die Voraussetzungen dafür sind, dass Mitarbeiter herausragende Leistungen erbringen. Die Forschungsergebnisse zeigten, dass Leistung unmittelbar vom Engagement und der Motivation der Mitarbeiter abhängt. Die Motivation der Mitarbeiter wiederum ist umso größer, je stärker sich die Mitarbeiter so einbringen können, „wie sie sind" und wie es ihren individuellen Anlagen entspricht. Es geht also darum, die individuellen Stärken und Begabungen zu identifizieren und sicherzustellen, dass jeder Mitarbeiter diese auch einbringen kann.

Hierbei geht Accenture in drei Schritten vor:

I. Know yourself

Im ersten Schritt geht es darum, den Mitarbeitern zu ermöglichen, die eigenen Stärken zu identifizieren. Hierfür wird ein entsprechendes Tool („Gallup Strengthsfinder" TM) eingesetzt. Die Ergebnisse werden anschließend mit der jeweiligen Führungskraft besprochen. Es wird vereinbart, wie die Stärken am besten genutzt und welche Prioritäten verfolgt werden. Außerdem wird festgelegt, anhand welcher Kriterien bestimmt werden kann, inwieweit die Prioritäten erreicht wurden und von wem hierzu Feedback eingeholt werden soll.

Um Feedback auszutauschen, steht ein webbasiertes Tool zur Verfügung, auf das auch per App vom Mobiltelefon aus zugegriffen werden kann. Jeder Mitarbeiter kann die eigenen Prioritäten für alle Kollegen oder auch gezielt für bestimmte Gruppen transparent machen und dazu einladen, Feedback zu geben, welches dann ebenfalls mit anderen geteilt werden kann.

Die Prioritäten können unterjährig permanent angepasst und modifiziert werden, um veränderten Rahmenbedingungen und Anforderungen von Kunden Rechnung zu tragen. Zusätzlich zu qualitativen Feedbacks werden auch quantitative Kriterien, wie etwa Umsatzzahlen, erfasst. Ziel ist es, die „People Analytics" weiter auszubauen um möglichst viele Feedback-Quellen heranziehen zu können.

II. Engage with your team

Im zweiten Schritt wird ein „Team-Stärken-Profil" erstellt. Gemeinsam bespricht das Team, wie die Stärken aller Teammitglieder am besten genutzt werden können und wie es eventuell noch ergänzt und diverser aufgestellt werden kann, um die Team-Performance weiter zu verbessern.

III. Take action to grow

Im Kreis der Führungskräfte werden alle Mitarbeiter des jeweiligen Bereiches besprochen, wie es auch im alten Ansatz der Fall war. Allerdings geht es jetzt nicht mehr darum, die Mitarbeiter in eine Rangreihe in Bezug auf ihre Leistung einzuordnen. Vielmehr steht im Fokus, Entwicklungsmaßnahmen für jeden einzelnen Mitarbeiter festzulegen („Talent Actions").

Über die Einordnung in sogenannte „Talent Categories" ergeben sich Handlungsempfehlungen für die spätere Gehaltsrunde. Während Boni früher direkt an die Ratings gekoppelt waren, hat der Leiter der jeweiligen Geschäftseinheit im neuen Ansatz ein höheres Maß an Freiheit, sie auf Basis des zur Verfügung stehenden Budgets aufzuteilen. Allerdings gibt es eine zentrale Compensation Task Force, welche die Bonusentscheidungen kontrolliert und moderiert, um bereichsübergreifende Konsistenz zu gewährleisten.

Während in den früheren Moderationsrunden fast ausschließlich jene Mitarbeiter diskutiert wurden, die sich an den Übergängen zwischen den verschiedenen Kategorien befanden, soll nun für jede Person Feedback gesammelt werden, um passgenaue Entwicklungsmaßnahmen zu finden. Das Feedback und die jeweiligen Fördermaßnahmen bespricht der jeweilige „Career Counselor" im Anschluss mit dem Mitarbeiter.

Welche Erfahrungen wurden gemacht und was lässt sich daraus lernen?

Zum Zeitpunkt des Interviews lagen Erfahrungswerte aus gut zehn Monaten vor, seit der neue Performance-Management-Ansatz eingeführt worden war.

Grundsätzlich fällt das Fazit aufseiten von HR positiv aus. Die Neuausrichtung des Performance-Management-Ansatzes habe Energie freigesetzt. Der Fokus auf Stärken sei von Mitarbeitern wie Führungskräften begrüßt worden und habe zu einem offenen Dialog und einem Klima der Wertschätzung beigetragen.

Allerdings standen die ersten Bonus- und Beförderungsentscheidungen auf Basis des neuen Ansatzes noch aus. Diesbezüglich herrsche noch Unsicherheit vor, da man sich von dem alten Ansatz der Kopplung von Beurteilung und Vergütung gelöst habe, ohne dass im Detail klar sei, wie die neuen Entscheidungsmechanismen aussähen. Allerdings weist die verantwortliche Personalmanagerin darauf hin, dass die früheren Ratings lediglich eine „Pseudo-Sicherheit" suggeriert hätten. De facto seien Mitarbeiter auch auf Basis subjektiver Einschätzungen „in Schubladen gesteckt" worden. Die messbaren Kriterien zum Treffen von Personalentscheidungen habe man nach wie vor zur Verfügung (zum Beispiel Umsatzzahlen) und qualitative Aspekte wie Feedback erfasse man nun noch systematischer und kontinuierlicher, was letztlich zu validieren Entscheidungen führe. Dennoch sei das Spannungsfeld zwischen dem Fokus auf die Entwicklung der Mitarbeiter und der Honorierung ihrer Leistungen die „größte Herausforderung" des neuen Ansatzes.

Für Accenture als Beratungsunternehmen mit extrem hoher Prozessorientierung sei die Einführung eines neuen, disruptiven, offeneren Performance-Management-Ansatzes ein „Kulturbruch" gewesen. Man habe sich vom alten „Korsett", von alten „Schein-Sicherheiten" verabschiedet. Dies sei notwendig und wichtig gewesen, um „schlankere", agilere Ansätze in der Kultur von Accenture zu verankern. „*Progress is greater than Perfection*", sei einer der Kernbotschaften, die mit dem neuen Ansatz verbunden seien, ebenso wie das Zitat des CEO von Accenture: „*Perfect is too slow.*" Diese Haltung habe sich darin wieder gespiegelt, dass man noch nicht alle Antworten auf mögliche Fragen und Herausforderungen parat gehabt habe, als man den neuen Prozess einführte. Vielmehr habe man einen „Design on the go" Prozess verfolgt.

Eine große Herausforderung bei der Gestaltung dieses Veränderungsprozesses sei die Kommunikation gewesen. In einem Unternehmen mit weltweit 425.000 Mitarbeitern sei es kaum möglich, alle Führungskräfte und Mitarbeiter „abzuholen" und „mitzunehmen". Obwohl Geschäftsleitung und HR-Abteilung massiv auf unterschiedlichsten Kanälen – Emails, Blogs, Townhalls etc. – über den neuen Prozess informiert hätten, habe es dennoch immer wieder einzelne Rückmeldungen gegeben, man habe über wichtige Elemente des neuen Ansatzes „nicht Bescheid gewusst".

Da die Beurteilung der Mitarbeiter zahlreiche andere HR-Prozesse beeinflusst – wie etwa Personal- und Nachfolgeplanung, Personalentwicklung, Beförderungen, Vergütungsentscheidungen etc. – habe die Abschaffung von Ratings Auswirkungen auf das gesamte Personalmanagement eines Unternehmens. Daher habe eine solche Veränderung Implikationen für die gesamte Organisation, die in ihrer Vielfalt anfangs leicht unterschätzt würden. Auch sei der Zeitaufwand dieses Veränderungsprozesses enorm. Die Hoffnung auf eine Zeitersparnis durch den neuen, „schlankeren" Ansatz ließe sich nicht ohne Weiteres erfüllen.

Ein entscheidender Erfolgsfaktor sei die aktive Unterstützung des Führungsteams. Nur wenn die Geschäftsleitung und die wichtigsten Führungskräfte voll hinter dem neuen Ansatz stünden und ihn aktiv vorantrieben, könne der neue Prozess auch wirklich mit Leben gefüllt und als deutliche Verbesserung wahrgenommen werden. Die Aufgabe von HR sei es, die Führungskräfte zu befähigen, ihre Führungsrolle wahrzunehmen und die richtigen Botschaften zu senden. Essenziell sei es, die Führungskräfte bei der Kommunikation des neuen Ansatzes zu unterstützen, ohne ihnen die Verantwortung für die Umsetzung abzunehmen.

8.2 „SAP Talk"

Warum wurde der Prozess verändert?

Am Anfang der Überlegungen von SAP, das Performance-Management-System zu verändern, stand keineswegs die Absicht, die Ratings abzuschaffen. Vielmehr sollte ein flexiblerer Ansatz eingeführt werden, der die Bedürfnisse des Unternehmens besser erfüllt. Weiterhin gab es eine generelle Unzufriedenheit mit der gelebten Feedback-Kultur und das erklärte Ziel, diese zu verbessern. Wie dies erreicht werden sollte, war anfangs völlig offen.

In der Mitarbeiterbefragung gaben 73 % der Mitarbeiter an, regelmäßiges Feedback zu erhalten. Was von außen betrachtet als sehr ordentlicher Wert erscheinen mag, war aus Sicht des HR-Bereichs von SAP nicht gut genug, bedeutete er doch, dass ca. 20.000 Mitarbeiter weltweit kein regelmäßiges Feedback erhielten. Dazu kam, dass in der regelmäßig durchgeführten HR Survey der Performance-Management-Prozess zwar zu den drei meist genutzten HR-Tools gehörte, jedoch die geringsten Zufriedenheitswerte aller HR-Instrumente aufwies.

Daraufhin wurde beschlossen das Performance-Management-System zu verändern.

Was sind die Ziele des neuen Performance-Management-Ansatzes?

Im Oktober 2015 vereinbarte der Personalbereich mit dem Betriebsrat ein „Vision Document", in dem die wichtigsten Ziele des neuen Performance-Management-Ansatzes festgelegt wurden:

- Fokus auf die Zukunft, statt auf die Vergangenheit legen.
- Einführung eines schnelleren, agileren Performance-Management-Prozesses.
- Schaffen einer Kultur des kontinuierlichen Dialogs.
- Im Mittelpunkt soll die Entwicklung, nicht die Beurteilung der Mitarbeiter stehen.

Wie wird versucht, die Ziele zu erreichen?

Um das bestmögliche Performance-Management-System zu entwickeln, führte SAP eine Benchmark-Studie durch. Im Laufe dieser Studie setzte man sich mit Unternehmen wie Adobe und Kelly auseinander, die als erste von den klassischen Beurteilungssystemen Abstand genommen hatten. Im Verlaufe dieser Untersuchungen gewannen sowohl das HR-Team als auch der Betriebsrat die Erkenntnis, dass sie ebenfalls eine „disruptive" Veränderung vornehmen und sich von Ratings verabschieden wollten. An die Stelle der jährlichen Mitarbeiterbeurteilung sollte eine „Kultur des kontinuierlichen Dialogs" treten.

Diese Kultur wird konkret dadurch ausgestaltet, dass Führungskraft und Mitarbeiter mindestens vier formale Feedback-Gespräche im Jahr miteinander führen.

Diese Gespräche sollen sich bewusst von den normalen, meist aufgabenorientierten Gesprächen des betrieblichen Alltags abheben und haben drei Kernelemente:

- Besprechung von Entwicklungsmöglichkeiten mit dem Ziel Mitarbeiter bei SAP in ihrer beruflichen Weiterentwicklung (kurz-, mittel-, langfristig) individuell zu fördern: Teilnahme an Weiterbildungen, Konferenzen etc.
- Feedback zu aktuellen Aufgaben, Projekten, Reflexion und ggf. Anpassung von Zielvereinbarungen.
- Arbeits- und Rahmenbedingungen: Identifizierung der Maßnahmen zur Schaffung einer optimalen Umgebung der Mitarbeiter, um eine bestmögliche Leistung erbringen zu können, z. B. Zusammenarbeit im Team, kritisches Hinterfragen von bestehenden Abläufen, etc.

Dass diese Gespräche stattfinden, liegt in der gemeinsamen Verantwortung von Führungskraft und Mitarbeiter. Ob und in welcher Qualität dies geschieht, wird im Rahmen einer *SAP Talk Feedback Survey* evaluiert. Diese dauert nur 3 min und besteht aus sechs Fragen: Eine Frage zur Quantität der Gespräche („Finden die regelmäßigen Gespräche statt?") und fünf zur Qualität. Die Führungskräfte können die Ergebnisse dieser Feedback Survey für ihr Team einsehen, wenn sie dies wünschen. Top-Führungskräfte erhalten von HR eine Zusammenfassung der wichtigsten Ergebnisse ihres Bereiches inklusive Empfehlungen, was sie tun können, um die Feedback-Kultur weiter zu verbessern.

Führungsmeetings zur „Kalibrierung" von Beurteilungen sind in der Abwesenheit von Performance Ratings nicht mehr notwendig. Dennoch gibt es weiterhin jährliche Besprechungen im Führungskreis, die dazu dienen, die Entwicklung der Mitarbeiter zu besprechen. Während die früheren Besprechungen „Calibration Meetings" hießen, wird das neue Format *„Round Table"* genannt. Besondere Aufmerksamkeit genießen dabei Talente, die vorab von ihren Vorgesetzten nominiert werden und deren Entwicklung dann gezielt besprochen wird. Die Leitfrage der Round Table Gespräche lautet: „Was können wir tun, um den Potenzialträgern zu helfen, zu wachsen?".

Bewusst werden Personalentwicklung und Vergütung getrennt. Ansonsten, so der verantwortliche HR-Manager, gebe es immer die Gefahr, dass sich „Shadow Ratings[2]" einbürgerten, um Vergütungsentscheidungen zu treffen.

---

[2]„Schattenbeurteilungen": Damit ist gemeint, dass die Führungskräfte die Mitarbeiter je nach Leistung in bestimmte Kategorien unterteilen, z. B. „herausragende Leistung", „gute Leistung", „befriedigende Leistung" und „schwache Leistung", um eine Vergütungsentscheidung treffen zu können. Damit würden die abgeschafften Ratings durch die „Hintertür" wieder eingeführt.

Deshalb hat SAP beide Prozesse zeitlich bewusst auseinandergezogen: Die Round Table Gespräche zur Personalentwicklung finden statt, *nachdem* die Entscheidungen in Bezug auf die Vergütung gefallen sind. Zur Entkopplung der Prozesse in Deutschland hat auch beigetragen, dass bereits drei Jahre zuvor das Bonussystem umstrukturiert wurde: Während es früher fast durchgängig individuelle Boni gab, bekamen die Mitarbeiter dann die Möglichkeit, zwischen einem Bonus zu wählen, der sich an der individuellen Leistung oder am Unternehmenserfolg orientiert. Fast 90 % der Mitarbeiter entschieden sich für den kollektiven Bonus. Dies hatte für die Veränderung des Performance-Management-Systems in Deutschland den Vorteil, dass individuelle Beurteilungen für die Festlegung des Bonus überwiegend nicht mehr erforderlich waren.

Allerdings gilt dies nicht für die meisten anderen Länder. Dort treffen Führungskräfte weiterhin individuelle Vergütungsentscheidungen, ohne sich an Ratings zu orientieren. Dadurch erhielten die Führungskräfte „mehr Gestaltungsspielraum". Durch den kontinuierlichen Feedback-Prozess und damit verbundener erhöhter Transparenz sollte es bei Vergütungsentscheidungen „noch weniger Überraschungen geben als in der Vergangenheit".

Welche Erfahrungen wurden gemacht und was lässt sich daraus lernen?
SAP begann im Mai 2016, den neuen Performance-Management-Prozess einzuführen. Gestartet wurde mit einer Gruppe von 8000 Mitarbeitern, wobei das HR-Team bewusst vermied, die Begriffe „Pilot" oder „Pilotgruppe" zu verwenden. Vielmehr sprach HR von „Early Adopters", um das Missverständnis zu vermeiden, es handele sich lediglich um einen „Testballon" mit offenem Ausgang. Vielmehr wollte das Unternehmen signalisieren, dass es fest entschlossen war, den Veränderungsprozess umzusetzen und die Bereiche lediglich zu unterschiedlichen Zeitpunkten in den neuen Prozess einsteigen zu lassen. HR stellte es den Teams frei, sich für die Teilnahme als *„Early Adopter"* zu bewerben. Teams mit rund 30.000 Mitarbeitern bewarben sich um die limitierten Plätze, was ein großes Interesse für den neuen Performance-Management-Ansatz demonstrierte.

Dieses *„Erzeugen von Knappheit"* war nach Aussage des verantwortlichen HR-Managers hilfreich, um weiterhin hohes Interesse unter den Mitarbeitern zu generieren. Die „Early Adopters" durchliefen den neuen „SAP Talk" Prozess, in dem auch die oben geschilderte SAP Talk Feedback Survey Bestandteil ist. Mittels dieses Instrumentes konnte das HR-Team genau evaluieren, ob die neuen Feedback-Gespräche stattfanden und wie die Qualität erlebt wurde.

Ergebnis: 88 % der vierteljährlichen Feedbackgespräche fanden statt. Auf einer fünfstufigen Skala (1 = schlecht; 5 = exzellent) wurde die Qualität der

Gespräche im Schnitt mit einem Wert von 4 bewertet. Insgesamt wird der neue Feedback-Ansatz von Mitarbeitern und Führungskräften deutlich besser bewertet als der alte Appraisal-Prozess.

Bei der Gestaltung des Veränderungsprozesses hat sich die Terminologie als besonders wichtig herausgestellt. Die Personalmanager verwendeten bewusst keine „HR-Sprache", sondern möglichst eingängige, verständliche Begriffe: Der neue Performance-Management-Ansatz heißt nun „SAP Talk" statt „Integrated Talent Management". Statt von „Calibration Meetings" werden nun „Round Tables" durchgeführt. Wichtig ist hierbei, dass nicht nur neue Begrifflichkeiten eingeführt wurden, sondern diese auch die konzeptionellen Änderungen treffend widerspiegeln.

Aus Sicht des verantwortlichen HR-Managers ist die inhaltliche Konzeption des Performance-Management-Systems an sich der einfachste Teil des Veränderungsprozesses. Wesentlich anspruchsvoller und heikler sei das Change Management: So durchliefen Führungskräfte und Mitarbeiter die üblichen Phasen eines Veränderungsprozesses: Verleugnung, Widerstand, Akzeptanz und Exploration. Um diese gezielt zu berücksichtigen und zu steuern, sei es sinnvoll, den Veränderungsprozess in mehrere Phasen zu gliedern:

1. Jahr: „Inspire"
2. Jahr: „Reinforcement"
3. Jahr: „Sustaining it"

Dies sei erforderlich, da es bei der Veränderung des Performance-Management-Prozesses letztlich um eine „Veränderung der DNA der Organisation" gehe. Zudem ist es wichtig, mit gutem Beispiel voran zu gehen und Akzeptanz durch aktives Zuhören, sammeln von Feedback aus der Belegschaft und einbinden des Feedbacks zu stärken.

Die Herausforderung des begleitenden Change Managements sei jedoch keinesfalls ein Grund, vor der Veränderung zurückzuscheuen. Habe man den entsprechenden Veränderungsdruck und die Unterstützung der wichtigsten Stakeholder (Vorstand, Betriebsrat etc.), dann könne es viel Energie freisetzen, die Veränderung anzugehen. Gerade der Verzicht auf Ratings und die Einführung eines kontinuierlichen Feedback-Prozesses sei eine „disruptive Veränderung". Man solle sich vorab darüber klar werden, ob ein solcher Schritt gewünscht sei und was damit erreicht werden soll. Denn: Habe man erst einmal damit begonnen, gäbe es „keinen Weg zurück".

8.3   Lufthansa: „Up Now!"

Warum wurde der Performance-Management-Prozess verändert?
Im Gegensatz zu den zuvor genannten Unternehmen hatte die Lufthansa nicht das Gefühl, dass der aktuelle Performance-Management-Prozess radikal verändert werden müsse. Vielmehr gab es das Bestreben, das bestehende System organisch weiterzuentwickeln und zu verfeinern. Statt auf eine Revolution des Performance Managements setzt Lufthansa also auf eine Evolution ihres Ansatzes.

Für die Notwendigkeit einer Weiterentwicklung des Performance-Management-Prozesses gab es eine Reihe von Ansatzpunkten:

- Das bestehende Beurteilungssystem mit einer fünfstufigen Ratingskala hatte eine „Tendenz zur Mitte" gezeigt.
- Das Kompetenzmodell mit seinen 24 Kompetenzen wurde als zu komplex erlebt.
- Die Einschätzungen von Leistung und Potenzial waren stets als unabhängige Dimensionen betrachtet worden, aber die empirischen Daten zeigten, dass eine hohe Korrelation zwischen beiden Aspekten besteht. Manche Positionen auf dem zweidimensionalen Performance-/Potenzial-Koordinatensystem (zum Beispiel schwache Leistung, hohes Potenzial) kamen praktisch nicht vor.

Was sind die Ziele des aktualisierten Performance-Management-Ansatzes?

- Eine Feedback-Kultur fördern, in der Mitarbeiter häufiger Feedback geben und bekommen.
- Gewährleisten, dass alle Mitarbeiter weiterhin klares, dezidiertes Feedback erhalten.
- Sicherstellen, dass alle Mitarbeiter weiterhin Ziele vereinbaren, die dazu beitragen, dass die Organisation ihre strategischen Prioritäten erreicht.
- Ermöglichen, dass Ziele kontinuierlich revidiert und angepasst werden können, um Agilität und Flexibilität der Organisation weiter zu verbessern.

Wie wird versucht, die Ziele zu erreichen?
Auch bei der Lufthansa wurde diskutiert, ob man Ratings abschaffen sollte. Im HR-Bereich bestand Konsens, dass die Beurteilung der Leistung weniger wichtig sei als die Förderung und Entwicklung der Mitarbeiter. Dennoch war letztlich der Entschluss, an Ratings festzuhalten, um sicherzustellen, dass alle Mitarbeiter ein klares Feedback erhalten und „wissen, wo sie stehen". Insbesondere bei ungenü-

gender Leistung von Mitarbeitern wird das bestehende Rating-System als hilfreich erlebt, um „ein ganz klares Signal zu senden".

Von einer fünfstufigen wurde auf eine vierstufige Ratingskala umgestellt. Dadurch sehen die Mitarbeiter nun unmissverständlich, ob sie oberhalb oder unterhalb des Mittelwertes liegen. Zwar erhält die Mehrheit der Mitarbeiter ein Rating oberhalb des Mittelwertes, dafür ist das Signal umso deutlicher, wo das nicht der Fall ist. Auch die Bezeichnungen der Performance-Kategorien wurden geändert: Wo früher auf die Erwartungen an die jeweilige Rolle Bezug genommen wurde (z. B. „Below Expectations", „Meets Expectations", „Exceeds Expectations") wird jetzt dezidiert die Leistung eingestuft und als „Low Performance", „Solid Performance", „Good Performance" und „High Performance" bewertet.

Das bisherige Kompetenzmodell mit seinen 24 Kompetenzdimensionen wurde abgeschafft und durch fünf „Guiding Principles" ersetzt, wie etwa „Mastering Complexity", „Leading Change" und „Fostering Talent".

Statt Leistung und Potenzial als unabhängige Dimensionen zu betrachten, werden sie nun gemeinsam analysiert und zu sogenannten „*Talent Management Cluster*" zusammengefasst. Dabei werden die Mitarbeiter in eine der folgenden vier Cluster eingeteilt:

- „*Achieve*" = Mitarbeiter, die in ihrer aktuellen Rolle gute oder sehr gute Leistungen erbringen und dort gut aufgehoben sind.
- „*Grow*" = Mitarbeiter, die gute oder sehr gute Leistungen erbringen und sich perspektivisch über den aktuellen Verantwortungsbereich weiter entwickeln können.
- „*Excel*": Mitarbeiter, die herausragende Leistungen in ihrer aktuellen Rolle zeigen und in der Lage sind, sofort oder zeitnah ein Level aufzusteigen (*„Up Now"*).
- „*Improve*": Mitarbeiter, deren aktuelle Leistung nicht den Anforderungen gerecht wird.

Bei der Einschätzung der Mitarbeiter wird auch Peer-Feedback mittels eines cloudbasierten Tools eingeholt. Am Ende eines Jahres wird die Leistung und das Potenzial eines jeden Mitarbeiters vom Vorgesetzten eingeschätzt und auf einer „Kalibrierungskonferenz" im Führungskreis abgestimmt. Im Rahmen eines Feedbackgesprächs am Jahresende erfährt der Mitarbeiter, wie seine Leistung und sein Potenzial eingeschätzt wird. Außerdem werden Ziele für das kommende Jahr vereinbart. Dies geschieht auf der Basis eines „kollaborativen Ansatzes", welcher durch ein „Whiteboard-Tool" unterstützt wird, sodass die Ziele jederzeit von beiden Seiten aktualisiert werden können. Die Zielvereinbarungen sind nicht an einen Bonus gekoppelt, sondern dienen zur Steuerung der Leistung und Entwicklung des Mitarbeiters. Der Bonus ist an den Erfolg des Unternehmens, nicht des Individuums gekoppelt. Auch unterjährig kann mittels eines 360°-Feedback kontinuierlich Feedback gegeben und eingeholt werden.

Welche Erfahrungen wurden gemacht und was lässt sich daraus lernen?
Aus Sicht des verantwortlichen HR-Managers sind folgende Erfolgsfaktoren zentral:

- Performance Management ist „Kulturarbeit". Es ist eine zentrale Aufgabe des HR-Bereichs, ein für die Organisation stimmiges System zu entwickeln.
- Um das Performance-Management-System erfolgreich weiterzuentwickeln, ist daher ein tiefes Verständnis für die jeweilige Organisationskultur unerlässlich. Deshalb ist es nicht empfehlenswert, die Gestaltung des Performance Managements an externe Berater zu delegieren. Vielmehr muss HR in Abstimmung mit dem Top-Management das jeweils passende Konzept individuell maßgeschneidert entwickeln.
- Bei Neuerungen ist es wichtig, diese „smart" und verständlich zu vermitteln. Einfache One-pager, die den Führungskräften und Mitarbeitern mitgegeben werden, sind oft hilfreicher als komplexe Web-Based-trainings.
- Es ist erfolgskritisch, dass die unterstützenden IT-Systeme intuitiv und selbsterklärend funktionieren. Ist dies nicht der Fall, wird der ganze Prozess infrage gestellt.

Performance Management in der Praxis: Trends und Erfolgsfaktoren

9

Sollten Unternehmen ihre Mitarbeiterbeurteilungen abschaffen?
Auf diese Frage gibt es keine einfache, allgemeingültige Antwort.

Es gibt gute Gründe für Mitarbeiterbeurteilungen anhand von Ratings und klar definierten Kompetenzen: Beurteilungen finden ohnehin immer statt, ob sie nun veröffentlicht werden oder nicht. Daher kann es für eine faire, transparente Unternehmenskultur sprechen, wenn Beurteilungen anhand von klaren, nachvollziehbaren Kriterien getroffen und dem Mitarbeiter zugänglich gemacht werden, statt sie „hinter verschlossenen Türen" vorzunehmen. Individuelle Leistungsbeurteilungen sind immer dann erforderlich, wenn Personalentscheidungen, etwa in Bezug auf die individuelle Vergütung, Beförderungen oder Nachfolgeplanung, getroffen werden müssen. Dies bestätigt die vorgelegte Befragung von 125 Unternehmen in Teilen: Sie zeigt, dass Mitarbeiterbeurteilungen hilfreich sein können, um das Potenzial von Mitarbeitern einschätzen und Entscheidungen in Bezug auf die Personalplanung treffen zu können. Außerdem zeigen jüngste Berichte, dass eine Reihe von Unternehmen, die ihre Mitarbeiterbeurteilungen bereits abgeschafft hatten, sie nun wiedereingeführt haben, etwa weil sie auf eine leistungsorientierte Vergütung Wert legen und diese anhand von Ratings leichter steuern können. Auch das Beispiel Lufthansa illustriert, dass es möglich ist, das Performance-Management-System agiler und partizipativer zu gestalten, ohne Ratings aufzugeben.

Andererseits lässt sich auch feststellen, dass es machbar ist, Mitarbeiterbeurteilungen abzuschaffen und erfolgreich neue Wege jenseits der klassischen Systeme zu gehen. Laut Rock et al. (2014) haben sich bei Organisationen, die kontinuierliche, agile Feedback-Systeme eingeführt haben, zentrale HR-Kennwerte wie Mitarbeitermotivation, -zufriedenheit und -bindung signifikant verbessert. Das Engagement der Mitarbeiter wiederum weist eine hohe Korrelation mit den wichtigsten KPI's

© Springer Fachmedien Wiesbaden GmbH 2018
T. Schmidt, *Performance Management im Wandel*, essentials,
https://doi.org/10.1007/978-3-658-20660-4_9

von Unternehmen, wie etwa Umsatz, Gewinn, Unternehmenswert etc. auf, wie eine Vielzahl von Studien belegt (Buckingham und Goodall 2015). Daher ließe sich durchaus schlussfolgern, dass der Wechsel von traditionellen Beurteilungssystemen zu einem kontinuierlichen Feedbackprozess zu einer deutlich verbesserten Performance der Gesamtorganisation führen könne (Rock et al. 2014).

Auch die Personalverantwortlichen von Accenture und SAP ziehen unisono eine positive Bilanz. Sie betonen, dass der Veränderungsprozess viel Energie freigesetzt habe. Führungskräfte und Mitarbeiter bewerten den neuen Performance-Management-Ansatz deutlich positiver als den alten. Wo Mitarbeiter früher anhand von Ratings in „Schubladen" gesteckt worden seien, erhielten sie nun differenzierteres Feedback, das darauf ausgerichtet sei, ihre Leistung und Zusammenarbeit in der Zukunft zu verbessern.

Vom One-Size-Fits-All zum passgenauen Prozess
Die vorgelegte Befragung zeigt ein hohes Maß an Uniformität in Bezug auf die aktuell vorherrschenden Prozesse. Über 70 % der Firmen verwenden den klassischen Ansatz mit Jahresgesprächen, Zielvereinbarungen und Beurteilungen anhand von Rating-Skalen.

Mit etwas Abstand betrachtet sieht es aus, als hätten sich alle Personaler in den vergangenen Jahren erst in die eine Richtung (Rating, Jahresgespräche) bewegt und würden nun die genau entgegengesetzte Richtung einschlagen (keine Ratings, keine Jahresgespräche, sondern kontinuierliches Feedback).

Es verwundert, dass bei der Unterschiedlichkeit und Vielfalt von Unternehmen in Bezug auf ihre Produkte, Branchen und Kunden, auf ihre Größe und Strukturen jeweils ein und derselbe Performance-Management-Prozess passen soll.

Stattdessen macht es Sinn, individuelle, passgenaue Prozesse zu suchen, die Mitarbeiter und Führungskräfte optimal dabei unterstützen, sich weiterzuentwickeln. Gerade bei jenen Unternehmen, die ihre Prozesse mit Erfolg verändert haben, fällt auf, dass der Veränderungsimpuls zunächst vom Kerngeschäft ausging und dann von HR in einem engen Dialog aufgegriffen wurde. Die Ansätze sind maßgeschneidert für das jeweilige Business. Während die alten Beurteilungs- und Zielvereinbarungssysteme Kleidern von der Stange glichen, aus denen das Unternehmen herausgewachsen war, erscheinen manche der in den Fallstudien vorgestellten Prozesse wie Maßanzüge, die nun deutlich besser „sitzen".

Weniger Bürokratie wagen
Die Befragung gibt deutliche Hinweise darauf, dass Mitarbeiterbeurteilungen ihre Ziele oft nicht ausreichend erfüllen. Niemand macht die Aussage, dass sie dazu führen, die Leistung der Mitarbeiter oder der Organisation zu verbessern. Zur

Personalentwicklung tragen die Beurteilungen nur bedingt bei und als hilfreiches Instrument zur Verbesserung der Führungskompetenzen werden sie auch nicht gesehen. Zudem sind die Beurteilungen häufig einseitig positiv oder inkonsistent. Beurteilungssysteme scheinen sich teilweise zu einer selbstreferenziellen Bürokratie entwickelt zu haben. Deshalb macht es Sinn, sie kritisch zu hinterfragen und zu überprüfen, ob sie tatsächlich einen Mehrwert schaffen. Ist das nicht der Fall und behindern sie ggf. sogar das Business, macht es Sinn, sie radikal abzuschaffen und nach neuen, schlankeren und agileren Alternativen zu suchen.

Gleichwohl: Ein wichtiger Zweck von Prozessen ist es, bestimmte Verhaltensweisen, etwa Feedback auszutauschen, so in der Organisation zu verankern, dass sie von allen Beteiligten gezeigt werden. Solche festen „Gewohnheiten" prägen die Kultur eines Unternehmens. Schafft man die zugrunde liegenden Prozesse ab, möchte aber die mit ihnen verbundenen Verhaltensweisen weiter fördern, ist es erforderlich, neue, passendere Prozesse zu entwickeln.

Agiler, partizipativer

Ein wichtiges Grundprinzip neuer Performance-Management-Systeme ist das der Agilität[1]: Ziele werden in einem iterativen Prozess immer wieder neu angepasst, Feedback wird ad hoc gegeben, damit sich Mitarbeiter und Teams permanent weiterentwickeln. Dadurch soll gewährleistet werden, dass Produkte und Dienstleistungen unmittelbar an veränderte Kundenbedürfnisse angepasst werden können.

Das klingt gut, kann aber dazu führen, dass eine Art anarchisches Chaos entsteht. Wenn Ziele nicht mehr strategisch abgestimmt werden, so können Mitarbeiter die Orientierung verlieren und Entscheidungen treffen, die von der Geschäftsstrategie abgekoppelt sind. In Anlehnung an Schulz von Thun (1989) lässt sich daher folgendes dialektisches Spannungsverhältnis darstellen (Abb. 9.1):

Ein zweites Grundprinzip neuer Performance-Management-Ansätze ist es, dass diese partizipativ gestaltet werden. Feedback wird „auf Augenhöhe" in beide Richtungen ausgetauscht, Ziele gemeinsam verändert. Auch das klingt sehr modern, fortschrittlich und zeitgemäß.

Allerdings besteht die Gefahr, die real existierende Hierarchie, die in den meisten Unternehmen nach wie vor bestehen, zu verleugnen. Führungskräfte entscheiden in der Regel über die Bezahlung, Beförderung und im Zweifel auch über die Trennung von Mitarbeitern, sie haben die Verantwortung für den Erfolg des jeweiligen Teams oder Bereichs. Bei der Verabsolutierung des Prinzips der Partizipation besteht zudem die Gefahr der „Verantwortungsdiffusion": niemand fühlt

---

[1]Agilität: von lat. agilis: flink; beweglich.

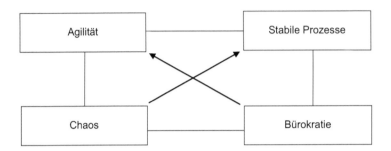

Abb. 9.1 Bei der Suche nach dem passenden Performance-Management-Prozess muss das Dilemma zwischen Agilität und stabilen Prozessen beachtet werden

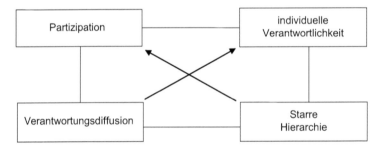

Abb. 9.2 Es gilt, die Balance zwischen Partizipation und individueller Verantwortlichkeit zu finden

sich dafür verantwortlich, dass Ziele vereinbart und erreicht werden (Wenninger 2000). Auch hier lässt sich also ein Spannungsfeld formulieren, dass es zu meistern gilt (Abb. 9.2):

Dennoch, die grundsätzliche Entwicklungsrichtung ist klar: Digitalisierung und Dynamisierung der Weltwirtschaft führen dazu, dass betriebliche Prioritäten schneller angepasst und verändert werden müssen. Von jährlichen Zielvereinbarungs- und Feedbacksystemen geht der Trend deshalb zu einem adaptiven, flexiblen Ansatz. Demokratisierung und demografische Entwicklung führen dazu, dass Performance-Management-Prozesse zunehmend partizipativ gestaltet werden.

Je stärker Organisationen von den in Kap. 5 geschilderten „vier D" betroffen sind, desto wichtiger wird es sein, agile und partizipative Performance-Management-Prozesse zu entwickeln.

Technologie wird zum Schlüsselfaktor erfolgreicher Performance-Management-Prozesse

Moderne Technologie ist unabdingbar, um agile, partizipative Prozesse in einer größeren Organisation umsetzen zu können. Um Ziele entwerfen, speichern, mit anderen teilen und anpassen zu können, benötigt man moderne IT-Systeme ebenso wie zum raschen Einholen und Analysieren des Feedbacks von einer Vielzahl von Kollegen.

Ohne ein entsprechendes, unterstützendes IT-System ist es kaum vorstellbar, die Anforderungen moderner, agiler Performance-Management-Systeme abbilden zu können. Deshalb wird der Technologie zunehmend eine Schlüsselrolle zukommen, wenn es darum geht, die Personalprozesse der Zukunft zu steuern. Insofern wird Technologie zum Hilfsmittel *und* Treiber der Veränderung.

Das kann insbesondere für mittelgroße Unternehmen zum Problem werden, wenn sie zu groß sind, um ohne die entsprechende Technologie auszukommen und zu klein, um die erforderliche Investition in entsprechende Systeme tätigen zu können oder zu wollen.

Aber auch Großunternehmen berichten, wie erfolgskritisch die richtige Technologie mittlerweile geworden ist: So hat man etwa bei der Lufthansa die Erfahrung gemacht, dass frühere Performance Management Prozesse, die von einer benutzerunfreundlichen Software unterstützt wurden, zur Diskreditierung des gesamten Prozesses führten.

Multi-Dimensionalität statt Gesamtrating

Das klassische Gesamtrating wird in immer mehr Unternehmen abgeschafft. Das heißt nicht, dass es keine Beurteilungen mehr geben wird. Mit der Weiterentwicklung der Technologie können mehr HR-Kennzahlen erfasst werden als je zuvor. Deloitte hat die Ratings abgeschafft, befragt dafür aber Projekt- und Teamleiter regelmäßig, wie sie bestimmte Entscheidungen in Bezug auf ihre Mitarbeiter treffen würden. Die früheren Ratings hat man durch ein „großes Datenbild" ersetzt (Buckingham 2015). Auch bei Accenture verabschiedet man sich nicht wirklich von der Beurteilung der Mitarbeiter, sondern erfasst statt eindimensionalen Ratings verschiedene Kennzahlen, um Personalentscheidungen, etwa in puncto Vergütung, zu treffen.

Der Trend geht also weg von der *einen* Gesamtbewertung, vom „Rating" und hin zur Verwendung mehrerer Kriterien und einer Vielzahl von Kennzahlen.

It's the money, stupid

Die Verbindung von Performance Management und Vergütung wird in der vorgelegten Befragung so kontrovers gesehen wie kaum ein anderes Thema. Die meisten

Teilnehmer sprechen sich dafür aus, Feedback und Personalentwicklung von Vergütungsentscheidungen zu trennen. Im Gegensatz dazu sind andere der Auffassung, dass Beurteilungen unabdingbar sind, um eine leistungsorientierte Vergütung zu gewährleisten.

Diese kontroverse Diskussion macht deutlich, dass die Frage nach dem „richtigen" Beurteilungssystem untrennbar mit dem Thema Vergütung verknüpft ist:

- Möchte das Unternehmen in Bezug auf die Vergütung nach individueller Leistung differenzieren? Oder
- Möchte das Unternehmen die Vergütung unabhängig von der individuellen Leistung strukturieren? Bevorzugt es Vergütungssysteme, die kollektivistisch strukturiert sind und Boni etwa an den Erfolg des Unternehmens oder Bereichs gekoppelt werden?

In Deutschland weist der Trend aktuell in Richtung kollektiver Vergütungssysteme. SAP, die Bahn, Infineon, Daimler und Bosch sind nur einige der prominentesten Unternehmen, die von individuellen Boni abrücken und auf kollektive Anreizsysteme setzen, um Teamarbeit zu fördern und Egoismen zu reduzieren. Diese Abkehr von individuellen Vergütungselementen wird es Unternehmen erleichtern, sich von individuellen Leistungsbeurteilungen zu lösen, denn ein wichtiger Grund für individuelle Ratings entfällt dadurch. Gleichwohl: Wenn man Beförderungen aussprechen und Personalplanung ermöglichen möchte, wird man dennoch nicht vermeiden können, Leistung und Potenzial der Mitarbeiter in irgendeiner Form zu bewerten.

Vom Performance Management zur Performance Facilitation
Ein interessanter Befund aus der vorgelegten Studie ist, dass das zentrale Ziel von Performance-Management-Systemen, nämlich die Leistung von Mitarbeitern und der Organisation zu verbessern, bei der Befragung überhaupt nicht thematisiert wird.

Dies deutet darauf hin, dass das Ziel, Beurteilungssysteme müssten die Leistung der Mitarbeiter verbessern, überzogen ist. Vielleicht ist der Begriff „Performance Management" insofern irreführend, als er suggeriert, man könne die Leistung der Mitarbeiter steuern, kontrollieren, „managen". Dies unterstellt, der Mitarbeiter sei nicht von sich aus motiviert, eine gute Leistung zu erbringen und müsse erst dazu „bewegt" werden. Eine solche Betrachtungsweise spiegelt ein sehr hierarchisches Führungsverständnis wider, das auf einem negativen Menschenbild fußt (vgl. Trost 2015).

Aktuelle Studien, etwa des Gallup-Instituts, weisen in eine andere Richtung: Mitarbeiter erbringen dann ihre besten Leistungen, wenn sie ihre Stärken einsetzen können, Handlungsspielräume und Freiräume erhalten, um anspruchsvolle Aufgaben zu lösen, deren Sinn sie verstehen (Buckingham und Goodall 2015). Vor diesem Hintergrund erscheint es angemessen, den Begriff „Performance Management" insgesamt infrage zu stellen. Statt die Leistung der Mitarbeiter zu „managen" geht es für HR und für das Management eines Unternehmens eher darum, Bedingungen zu schaffen, in denen sich die Mitarbeiter entfalten und ihre Talente einbringen können. Eine solche Betrachtungsweise ließe sich etwa unter dem Begriff „Performance Facilitation" treffender zusammenfassen.

Performance-Management-Prozesse erfolgreich verändern

10

Aus den herangezogenen Quellen, insbesondere den Interviews, lassen sich einige Erfolgsfaktoren für die Umgestaltung von Performance-Management-Systemen erkennen. Diese werden im Folgenden skizziert:

- Die Veränderung des Beurteilungssystems hat Auswirkungen auf das gesamte Personalmanagement im Unternehmen. Denn in der Regel beeinflusst die Mitarbeiterbeurteilung eine ganze Reihe anderer HR-Prozesse, wie etwa Vergütung, Nachfolgeplanung, Beförderungen, Kompetenzmanagement, Personalentwicklung. Wie bei einem Mobilé sind meist alle HR-Prozesse miteinander verbunden, sodass es nicht möglich ist, die Beurteilungen abzuschaffen, ohne andere HR-Prozesse mit zu berücksichtigen. Daher sollte man die Komplexität des erforderlichen Veränderungsprozesses nicht unterschätzen. Alle befragten HR Manager berichten, dass das Change Management deutlich herausfordernder war als die eigentliche Konzeption eines neuen, passenderen Performance-Management-Prozesses.
- Auch die Hoffnung, durch einen neuen, „schlankeren" Prozess viel Zeit einzusparen, hat sich in den meisten Fällen nicht erfüllt. Accenture und SAP berichten unisono, dass auch der neue Performance-Management-Prozess viel Zeit in Anspruch nimmt. Hinzu kommt, dass der Veränderungsprozess enorm viel Zeit, Kraft und Energie bindet.
- All das soll allerdings nicht heißen, dass sich diese Investition nicht lohnen könne oder den Aufwand nicht wert sei. Alle drei Unternehmen, die ihre Ratings abgeschafft haben, sind davon überzeugt, den richtigen Weg gegangen zu sein.
- Hier war es durchgehend der Fall, dass der Impuls zum Abschaffen der Mitarbeiterbeurteilungen aus dem Business kam und HR diesen Veränderungsimpuls aufgenommen hat. Wichtig scheint also zu sein, dass die HR-Abteilung „nah am Business" ist, Impulse schnell aufgreift und gemeinsam Lösungen entwickelt.

© Springer Fachmedien Wiesbaden GmbH 2018
T. Schmidt, *Performance Management im Wandel*, essentials,
https://doi.org/10.1007/978-3-658-20660-4_10

Um einen solchen Veränderungsprozess erfolgreich umzusetzen, ist die Unterstützung des Top-Managements unerlässlich.

- Die Aufgabe von HR ist es, die Führungskräfte zu befähigen, den neuen Ansatz zu implementieren. Die Prinzipien eines neuen Performance-Management-Ansatzes müssen von den Führungskräften an die Mitarbeiter vermittelt werden. Die HR-Abteilung kann als Berater und Coach unterstützen, muss aber der Versuchung widerstehen, den Führungskräften die Verantwortung für den Erfolg des neuen Prozesses abzunehmen.

- Externe Berater können HR-Abteilung und das Management unterstützen, indem sie Wissen weitergeben und wichtige Fragen stellen. Aber letztlich muss die Veränderung und Gestaltung der Performance-Management-Prozesse intern gesteuert werden, um die optimale „Passung" für das jeweilige Unternehmen zu gewährleisten.

- Die richtige Terminologie kann erfolgskritisch sein: So verwendete SAP statt der zuvor üblichen HR-Fachbegriffe konsequent einfache, selbsterklärende Worte, wie etwa „SAP Talk" für den neuen Feedback-Ansatz. Diese einfache und klare Sprache trug zu einer höheren Akzeptanz bei.

- Wenn man am Anfang der Neugestaltung des Performance-Management-Systems steht, muss man nicht alle Antworten haben. So berichten mehrere Unternehmen, dass sie nicht alle Aspekte zu Ende gedacht hatten, als sie sich dazu entschlossen, ihre Systeme zu verändern. Wichtig ist jedoch, die richtigen Fragen zu stellen und diesen konsequent nachzugehen: Wenn es keine Ratings mehr gibt, woran macht man dann Beförderungen und Boni fest? Wie hält man Feedback fest, wenn dieses kontinuierlich gegeben wird? Wenn der Fokus auf den Stärken liegt, wo hat dann noch Kritik Platz und wie stellen wir fest, wenn jemand den Anforderungen nicht genügt?

- Die Antworten auf diese Fragen muss die HR-Abteilung nicht alleine geben. Vielmehr bedarf es eines engen Dialogs mit Führungskräften und Mitarbeitern. Schließlich ist die Neugestaltung des Performance Managements eine hervorragende Gelegenheit, die Mitarbeiter mit einzubinden. Gerade, wenn der neue Prozess partizipativer sein soll als der alte, macht es Sinn, dies auch bei der Neugestaltung zu demonstrieren. So wurde beispielsweise bei SAP der Betriebsrat von Anfang an miteinbezogen und hat den neuen Ansatz von Grund auf mitgestaltet und mitgetragen.

Die Erfahrungen von Accenture, Linklaters, Lufthansa und SAP machen Mut, Veränderungen in Bezug auf die Performance-Management-Prozesse zu wagen. Alle HR-Verantwortlichen berichten von großen Herausforderungen, Unsicherheiten und Ambivalenzen. Gleichzeitig sind sie allesamt stolz und zufrieden, den Weg der Veränderung gegangen zu sein.

Was Sie aus diesem *essential* mitnehmen können

- Einen Überblick über die aktuelle Diskussion zum Performance Management
- Tipps zur Gestaltung erfolgreicher Performance-Management-Prozesse
- Neueste Erkenntnisse zur Förderung einer Leistungskultur in Unternehmen

© Springer Fachmedien Wiesbaden GmbH 2018   49
T. Schmidt, *Performance Management im Wandel*, essentials,
https://doi.org/10.1007/978-3-658-20660-4

Literatur

Astheimer, S. (14. Januar 2017). Einzelkämpfer gehen leer aus. *Frankfurter Allgemeine Zeit*, C1.

Becker, F. G. (2009). *Grundlagen betrieblicher Leistungsbeurteilungen* (5. Aufl.). Stuttgart: Schäffer.

Bersin, J. (2013). Time to scrap performance appraisals? http://www.forbes.com/sites/josh-bersin/2013/05/06/time-to-scrap-performance-appraisals?/. Zugegriffen: 19. Febr. 2014.

Buckingham, M. (2013). What if performance management focused on strengths? https://hbr.org/2013/12/what-if-performance-management-focused-on-strengths. Stand: 15.12.2016.

Buckingham, M., & Goodall, A. (2015a). Performance management. *Harvard Business Manager, 2015*(5), 102 ff.

Buckingham, M., & Goodall, A. (2015b). Neue Noten für Manager und Mitarbeiter. *Harvard Business Manager, 2015*(5), 20–31.

Bundesministerium für Wirtschaft und Energie. (2015). Wachstum und Demografie im internationalen Vergleich. http://www.bmwi.de/BMWi/Redaktion/PDF/Publikationen/wachstum-und-demografie-im-internationalen-vergleich,property=pdf,bereich=bmwi2012,sprache=de,rwb=true.pdf.

Capelli, P., & Tavis, A. (2016). The performance management revolution. *Harvard Business Manager, 2016*(10), 58–67.

CEB Synopsis. (2013). Breakthrough performance in the new work environment – CEB synopsis. https://de.scribd.com/document/160275480/CLC-Driving-Breakthrough-Performance-in-the-New-Work-Environment. Stand: 15.12.2016.

Crisand, E., & Rahn, H.-J. (2011). *Personalbeurteilungssysteme. Ziele – Instrumente – Gestaltung* (4. Aufl.). Hamburg: Windmühle.

Cunningham, L. (2015). In big move, Accenture will get rid of annual performance reviews and rankings. https://www.washingtonpost.com/news/on-leadership/wp/2015/07/21/in-big-move-accenture-will-get-rid-of-annual-performance-reviews-and-rankings/?utm_term=.ca40d7e59531.

Cunningham, L. (2015). Accenture: One of world's biggest companies to scrap annual performance reviews. http://www.independent.co.uk/news/business/news/accenture-one-of-worlds-biggest-companies-to-scrap-annual-performance-reviews-10421296.html. Stand: 08.12.2016.

© Springer Fachmedien Wiesbaden GmbH 2018   51
T. Schmidt, *Performance Management im Wandel*, essentials,
https://doi.org/10.1007/978-3-658-20660-4

Fersch, J. M. (2002). *Leistungsbeurteilung und Zielvereinbarungen in Unternehmen. Praxiserprobte Instrumente zur systemorientierten Mitarbeiterführung.* Wiesbaden: Gabler.

Goler, L. (2016). Let's not kill performance evaluations yet. https://hbr.org/2016/11/lets-not-kill-performance-evaluations-yet. Stand: 08.12.2016.

Hilgers, D. (2008). *Performance Management: Leistungserfassung und Leistungssteuerung in Unternehmen und öffentlichen Verwaltungen.* Wiesbaden: Gabler.

Kotter, J. P. (2007). Leading change: Why transformation efforts fail. *Harvard Business Manager, 2017*(1), 59–67.

Lorse, J. (2016). *Die dienstliche Beurteilung* (6. Aufl.). Berlin: Schmidt.

McCord, P. (2014). How netflix reinvented HR. *Harvard Business Review,* 2014 (Artikel-nummer: BR1401).

Mercer. (2013). Global performance management survey.

Mercer. (2015). Performance management snapshot survey.

Reuters. (2016). SAP will Mitarbeitern keine Noten mehr geben. http://www.faz.net/aktu-ell/wirtschaft/unternehmen/sap-will-mitarbeitern-kuenftig-keube-noten-mehr-geben/. Stand: 21.09.2016.

Rock, D., Davis, J., & Jones, B. (2014). Kill your performance ratings. http://www.strategy-business.com/article/00275. Zugegriffen: 6. Dez. 2016.

Rock, D., & Jones, B. (2015). Why more and more companies are ditching performance ratings. https://hbr.org/2015/09/why-more-and-more-companies-are-ditching-performance-ratings/. Stand: 27.10.2016.

Schmidt, T. (2016). Keine Noten für Manager. *Manager Seminare, 2016*(218), 21–26.

Schüpbach, H. (2013). *Arbeits- und Organisationspsychologie (Reihe UTB basics).* München: UTB.

Schuler, H. (2004). *Beurteilung und Förderung beruflicher Leistung* (1. Aufl.). Göttingen: Hogrefe.

Schulz Thun, F. von. (1989). *Miteinander reden 2. Stile, Werte und Persönlichkeitsentwicklung.* Hamburg: Rowohlt.

Szelecki, Z. (2014). Five reasons why performance management is at the top of the people agenda. http://pwc.blogs.com/the_people_agenda/2014/06/five-reasons-why-performance-management-is-at-the-top-of-the-people-agenda/. Zugegriffen: 27. Okt. 2016.

Trost, A. (2015). Das jährliche Mitarbeitergespräch: Risiken und Nebenwirkungen. *Wirtschaftspsychologie aktuell, 2015*(3), 28–30.

Walsh, I. (2016). Leistungsbeurteilung ade. *2016*(6), 14. www.personalwirtschaft.de.

Wenninger, G. (2000). *Lexikon der Psychologie.* Heidelberg: Spektrum.

Woods, A. (2014). Are performance ratings heading towards extinction? http://pwc.blogs.com/the_people_agenda/2014/07/are-performance-ratings-heading-towards-extinction.html. Zugegriffen: 8. Dez. 2016.

Printed in the United States
By Bookmasters